Solo la esperanza calma el dolor

Solo la esperanza calma el dolor

Simone Veil

Traducción del francés de
Lydia Vázquez

Lumen

narrativa

Papel certificado por el Forest Stewardship Council®

Testimonio de Simone Veil,
antigua deportada nacida el 13 de julio de 1927,
entrevistada por Catherine Bernstein el 9 de mayo de 2006,
«Memorias de la Shoah», Fondation pour la Mémoire
de la Shoah/Institut national de l'audiovisuel.

Las fotos del cuadernillo (incluido entre las pp. 96-97) son propiedad privada de Jean y Pierre-François Veil

Título original: *Seul l'espoir apaise la douleur*

Primera edición: enero de 2025

© Flammarion/INA, 2022
© 2025, Penguin Random House Grupo Editorial, S. A. U.
Travessera de Gràcia, 47-49. 08021 Barcelona
© 2025, Lydia Vázquez Jiménez, por la traducción

Penguin Random House Grupo Editorial apoya la protección de la propiedad intelectual. La propiedad intelectual estimula la creatividad, defiende la diversidad en el ámbito de las ideas y el conocimiento, promueve la libre expresión y favorece una cultura viva. Gracias por comprar una edición autorizada de este libro y por respetar las leyes de propiedad intelectual al no reproducir ni distribuir ninguna parte de esta obra por ningún medio sin permiso. Al hacerlo está respaldando a los autores y permitiendo que PRHGE continúe publicando libros para todos los lectores. De conformidad con lo dispuesto en el artículo 67.3 del Real Decreto Ley 24/2021, de 2 de noviembre, PRHGE se reserva expresamente los derechos de reproducción y de uso de esta obra y de todos sus elementos mediante medios de lectura mecánica y otros medios adecuados a tal fin. Diríjase a CEDRO (Centro Español de Derechos Reprográficos, http://www.cedro.org) si necesita reproducir algún fragmento de esta obra.

Printed in Spain – Impreso en España

ISBN: 978-84-264-3122-6
Depósito legal: B-19188-2024

Compuesto en M. I. Maquetación, S. L.
Impreso en Unigraf, S. L., Móstoles (Madrid)

H431226

Prefacio

Durante muchos años permanecieron callados, enfrentados a lo indecible, tratando simplemente de sobrevivir, de revivir, de reconstruir una vida después de la muerte.

Pero la promesa de contar, hecha a los que no volvieron, se hizo oír. Quizá con el tiempo, seguramente con la emergencia del impensable revisionismo y de las elucubraciones de los negacionistas, la palabra acabó por imponerse.

Para ayudar a esta palabra tan dolorosa, en 2006, a instancias de su presidenta, nuestra madre, la Fondation pour la Mémoire de la Shoah («Fundación por la Memoria de la Shoah») y el INA (Instituto Nacional del Audiovisual) idearon el proyecto «Memorias de la Shoah», confiado a Dominique Missika, que recogió más de cien testimonios en forma de entrevistas filmadas. Ante la cámara, cada persona cuenta su historia, su familia, su recorrido, su destino, su retorno, siempre diferente, pero siempre el mismo, el de una supervivencia milagrosa en el corazón del infierno, por una sucesión de suertes o de azares.

Gracias al compromiso prolongado de los equipos dirigidos por Dominique Missika y con el apoyo de la Fondation pour la Mémoire de la Shoah, estos testimonios están ahora disponibles en la página web del INA, donde constituyen, por su diversidad y la riqueza de sus palabras, un recurso único sobre el periplo de los 76.000 judíos deportados de Francia, de los cuales menos de 2.500 regresaron de los campos de exterminio. Pero en nuestro mundo de orden, incluso para la memoria de la Shoah, se imponen obligaciones administrativas y jurídicas; por ello, con razón, todos los testigos han autorizado debidamente la utilización de sus respectivas entrevistas.

Todos, o casi...

En tales circunstancias, el INA se puso en contacto con nosotros en 2020, en nuestra calidad de titulares de los derechos de nuestra madre, para que concediéramos esa autorización indispensable, que a nadie se le ocurrió pedirle —habida cuenta, por supuesto, de la evidencia de su compromiso—. Así pues, para permitirnos ceder ese pase indispensable, el INA nos abrió sus puertas y nos invitó a visionar esta entrevista cuya existencia ignorábamos hasta ese momento.

Cada uno de los hijos de esos más de cien testigos sintió, o sentirá, la misma emoción al enfrentarse a la imagen casi inmóvil de ese pariente ahora desaparecido, que cuenta, por primera vez o no, lo inenarrable.

Nosotros conocíamos la historia de nuestra madre, que ella no nos ocultó, la historia de los miembros de nuestra familia que se llevaron en los convoyes que partieron de Drancy. Esta entrevista nos recuerda una vez más la necesidad imperiosa de lucidez y civismo que ella quiso transmitirnos. Una anécdota, sin embargo, justifica aún más nuestra gratitud y nuestro reconocimiento al INA y a la Fondation pour la Mémoire de la Shoah por haber querido y apoyado este proyecto.

Refiriéndose a un coloquio de historiadores organizado a principios de los años ochenta por Hélène Ahrweiler, por aquel entonces rectora de la Universidad de París, para luchar contra el revisionismo, nuestra madre cuenta la obstinada oposición del historiador encargado de la organización del coloquio a cualquier testimonio; al final, acabó aceptando a regañadientes el de nuestra madre porque se le impuso, pero lo excluyó formalmente de las actas del coloquio, argumentando de manera tan sincera como estúpida que, contrariamente a los historiadores, «los testigos no tienen nada que decir, su palabra es siempre sesgada». Como si la Historia, desde siempre, no estuviera hecha, antes que nada, de la memoria de hombres y mujeres tanto como de archivos, constituidos a su vez por seres humanos y por la memoria de la época.

Ahora los últimos testigos desaparecen, y la Shoah se convierte en un tema de historia más que de memoria; precisamente por ello, más allá de estadísticas y archivos, que, además, son los de los asesinos obsesionados por el secreto y la ocultación de su crimen, estas palabras de supervivientes recogidas por el INA constituyen un testimonio único y valiosísimo para el futuro; su difusión a través de la web, así como las publicaciones que las acompañan, constituyen una razón más que sobrada para agradecer profundamente al INA esta contribución excepcional a la memoria de la Shoah.

Jean y Pierre-François Veil

Prólogo

En nombre de los desaparecidos

Martes, 9 de mayo de 2006. Bry-sur-Marne (Val-de-Marne). En uno de los estudios del INA, todo está listo para recibir a Simone Veil. Su llegada está prevista a las 13.30. Llega puntual, como siempre. Me fijo en su traje morado, con la blusa a juego, en su moño del que se escapan algunos cabellos; apenas va maquillada. No lleva pendientes. Parece ligeramente tensa. Después de saludarme, sin perder un momento, toma asiento en el estudio: una tela negra de fondo, dos sillas, una cámara en un trípode. Un operador de cámara y un técnico con su pértiga la saludan. Catherine Bernstein, encargada de realizar la entrevista, se acerca.

—Empezamos cuando quiera.

Catherine Bernstein hace la primera pregunta:

—Señora Veil, ¿puede hablarnos de su familia?

En una sala contigua, sigo la entrevista en un monitor. De inmediato, me fijo en su mirada. No lleva sus gafas. Sus famosos ojos verdes son penetrantes. No es la primera vez que habla de su deportación ante una cámara. Pero esta vez no es un discurso, ni un programa de televisión, ni una simple entrevista a la que haya accedido. Ella es el centésimo primer testigo en grabar su testimonio en el marco de una amplia campaña con vistas a la creación de unos archivos audiovisuales: «Memorias de la Shoah». La misión que me ha confiado la Fondation de la Mémoire de la Shoah, presidida por Simone Veil, consiste en recoger ciento quince testimonios de deportados, de niños escondidos, de Justos y de actores de la memoria. En total, trescientas horas de entrevistas, ni montadas ni cortadas, se pueden consultar hoy en la página web del INA (un centenar), en la Inathèque (BnF, espacio François Mitterrand), en el Mémorial de la Shoah, y en Yad Vashem (Tel Aviv). Una interfaz, pensada como herramienta pedagógica, permite navegar por este corpus de archivos audiovisuales y obtener la transcripción de las entrevistas.

Se impuso como una evidencia la elección de Catherine Bernstein para que recogiera las palabras de Simone Veil. Catherine Bernstein, una talentosa directora de televisión, había realizado una magnífica película, *Assassinat d'une modiste* («Asesinato de una modista»), sobre la búsqueda de un fantasma, su tía, Odette Bernstein, muerta en 1943 en Auschwitz. Gracias a su atenta escucha, mezcla de empatía y de curiosidad compasiva, Simone Veil se confió profundamente y sin reticencias.

En el momento de responder a nuestra solicitud, Simone Veil aún no había publicado su autobiografía con el sobrio título de *Une vie* (*Una vida*), tomado de Maupassant, uno de los autores favoritos de su padre. Sin embargo, desde su discurso del 27 de enero de 2005, en la conmemoración del 60.º aniversario de la liberación de Auschwitz-Birkenau, se había convertido en la portavoz internacionalmente reconocida de los supervivientes. En todos los foros importantes, en la ONU, en el Consejo de Europa, en Alemania, Grecia y los Países Bajos, Simone Veil, incansable, pronunció una serie de discursos destacados en nombre de los desaparecidos. Testificar en todas partes y en todo momento, para que nunca se olvide lo que sucedió.

Pero ese día debe dar un testimonio íntimo. Desde las primeras palabras, percibo su deseo de evocar el pasado y, al mismo tiempo, su temor.

Frente a la cámara, Simone Veil revela la película de su vida. Su mirada se suaviza poco a poco. Un velo de tristeza pasa intermitentemente por sus ojos transparentes. El ritmo de sus palabras es a veces entrecortado, como si las imágenes se amontonaran y las palabras le fallaran. Dos o tres vacilaciones, algunos tropiezos, silencios largos y pesados, frases que se encadenan.

El sol de Niza, una familia unida, una madre «bella como Greta Garbo», un padre arquitecto, las dos hermanas, Milou y Denise, Jean, el hermano, y los primos con los que pasa las vacaciones junto al mar en La Ciotat. Uno a uno, describe a todos los suyos. Con infinita ternura. Sin adornos. Su padre, bastante autoritario, corrige sus errores de francés, supervisa sus lecturas, pero no sus notas. Simone Jacob es la pequeña, rebelde por no decir caprichosa, enfadada porque en la mesa no la sientan junto a su madre. No olvida mencionar a Antoinette Babaïeff, la joven rusa que trabaja para los Jacob, ni los paseos por los alrededores de Niza para coger violetas con su padre.

Reconozco su tono de voz mesurado, grave y sereno, las palabras sencillas que elige, su dicción precisa que retiene la atención. Sé que siempre tiene miedo a que no se le preste atención, y miedo a no soportarlo. Frente a ella, Catherine Bernstein la escucha y, de vez en cuando, relanza la conversación, animándola a proseguir.

Una juventud despreocupada. La guerra, la derrota, la ocupación italiana, primero en Niza. Los Jacob pensaban que estaban a salvo. Eran judíos. Laicos. Patriotas. Republicanos. André Jacob es un veterano de la Primera Guerra Mundial. Acude a la comisaría para hacer el censo exigido a los judíos, y todos reciben un carnet de identidad con el sello rojo: JUDÍO. El racionamiento, el *numerus clausus* que impide a André Jacob ejercer su profesión de arquitecto, los ahorros que van agotándose. Entonces los alemanes invaden Niza y se intensifica la persecución de los judíos. La familia se dispersa. Simone Jacob, de dieciséis años, expulsada del instituto, vive en casa de un profesor de Literatura, mientras que sus padres se alojan en el otro extremo de la ciudad. El 30 de marzo de 1944, al día siguiente de pasar la reválida, que se había adelantado por temor al desembarco, Simone pasea por las calles de Niza con unos compañeros. Control. Sus documentos falsos no engañan a los alemanes. Todos los Jacob son detenidos, excepto Denise, que se había unido a la Resistencia en Lyon unos meses antes.

El 13 de abril de 1944, Simone Jacob, de dieciséis años y medio, su madre Yvonne, de cuarenta y cuatro, y su hermana Milou, de veintiuno, embarcan en el convoy 71 con destino a Auschwitz. La matrícula de Simone: 78651. Los trabajos de excavación, el frío, el hambre, la falta de higiene, los golpes, la selección, los harapos y, por encima de todo, la humillación. Terrible. Alucinante. ¿De qué depende la vida? De la suerte, de la solidaridad. No entre todas las deportadas.

Lo que la salvó, dice ella, fue que nunca la separaron de su madre y de su hermana. Y Simone lo sabe, todas y todos los que conocieron a su madre la recuerdan como una mujer luminosa y digna hasta el final. Se nota hasta qué punto Simone Veil nunca se resignó a aceptar la muerte de la mujer a la que siguió llamando, hasta el final de su vida, mamá.

Dieciocho meses en los campos. El campo de Bobrek y la fábrica de Siemens donde trabajan las tres mujeres. 18 de enero de 1945, una marcha atroz en medio de un frío glacial. 30 de enero de 1945, el campo de Bergen-Belsen después de Gleiwitz y Dora. El 28 de marzo de 1945 fallece la madre de Simone Veil, tres semanas antes de que los británicos liberen el campo.

Imposible para Simone Veil no citar a sus compañeros de deportación. No los ha perdido de vista. Son ellos quienes mejor la comprenden. Les confiesa a ellos lo que nunca les contó a su marido o a sus hijos. Le gusta reencontrarse con ellos, porque no hay día en que no piense en la Shoah. Dos de ellos ocupan un lugar especial en su corazón. En primer lugar, su «hermana» de los campos, Marceline Loridan, de quien publicaré el primer libro, *Mi vida Balagan*, un año después de grabar su testimonio en el mismo estudio. Durante cinco horas, la cineasta nos tuvo en vilo, contando con palabras descarnadas, brutales y directas el infierno de Auschwitz. Estaban en el mismo bloque. De repente, en medio de la grabación, Marceline soltó una carcajada cuando recordó el día en que, con Simone Jacob, se escondieron ambas entre dos jergones bajo una fina manta para escapar de los trabajos forzados.

El otro amigo es Paul Schaffer, hombre apuesto de ojos azules, que Simone Veil me presenta el día de la firma de la convención entre la FMS y el INA en el Memorial de la Shoah. Era el 9 de junio de 2005. Simone Veil me llamó aparte. Quería presentarme a Paul Schaffer, que la acompañaba. Lo conoció en el campo de Bobrek, en julio de 1944. Tenía diecinueve años, era un judío vienés refugiado en Francia. Nació una profunda amistad entre ellos. Se reencontraron en el verano de 1945 en París, y no se separaron desde entonces. Él será el decimocuarto testigo de la serie de grabaciones.

Simone Veil aborda un tema tabú, el de las relaciones sexuales en los campos. Sí, existieron: «A los hombres no les gusta hablar de ello», dice ella sobriamente. Tema doloroso donde los haya: el retorno. Nunca antes Simone Veil había hablado con tanta «ira» de este periodo. El regreso no se parecía a lo que ella había soñado. El plazo interminable, que no deja de recordar, entre la liberación de Bergen-Belsen y la repatriación al hotel Lutetia, más de cinco semanas tras la llegada de los británicos. Se quedó con la desagradable impresión de que las vidas de los supervivientes contaban menos que las de los combatientes de la Resistencia o los presos de guerra. A ellos los repatriaron en tren, a algunos en avión, y a ella y a su hermana Milou, enferma de tifus, en camión. Ese resentimiento se incrementó cuando supo que su hermana mayor, Denise, que había regresado de Mauthausen un mes antes que ella, fue invitada a dar conferencias sobre la Resistencia. No cabía la menor duda. Por un lado, estaban los deportados gloriosos, los deportados políticos, y por otro, los deportados vergonzosos, los judíos, los deportados raciales, como los llamaban.

Desde entonces, las dos hermanas, ya conocidas como Simone Veil y Denise Vernay, no siempre se entendieron bien. Una llevará consigo el recuerdo de la Shoah, la otra el de la Resistencia. En esta entrevista, excepcional en muchos aspectos, Simone Veil se sincera sobre su sufrimiento íntimo, sus heridas y sus cicatrices mal cerradas aún hoy, a sus casi ochenta años. En varias ocasiones, la melancolía se apodera de ella. Recordar es una dura prueba.

En el verano del retorno, Simone Veil sufre una inmensa soledad. No tiene noticias de su padre ni de su hermano, deportados a los países bálticos. Nunca volverán. Como huérfana, se siente «desplazada», sin saber adónde ir ni a quién acudir. Es una provinciana. El 13 de julio de 1945 cumple dieciocho años. No conoce a nadie en París.

Le duele profundamente no haber sido escuchada; peor que la incomprensión, es la indiferencia. Se siente indignada por la falsa idea de que los deportados no han querido hablar. No es verdad, no se les ha escuchado.

Sentía que tenía una obligación. No ese maldito «deber de memoria», expresión desacreditada y banal. No. La obligación de transmitir y de incitar a transmitir lo que había sido la aniquilación de los judíos. Puesto que había tenido la suerte de volver, cumplía la promesa que hiciera a los que murieron de hablar en su nombre. Lo que quería era ser escuchada. Sabía que no la entenderían porque no se puede entender el campo si no se ha estado encerrado en él, pero había que escuchar a los testigos y estudiar sus archivos. Por último, una de las razones por las que sigue dando fe de ello es el miedo a la banalización. Su obsesión: afirmar la singularidad de la Shoah. Combatir las amalgamas. Luchar contra la confusión de los asesinatos en masa. Han tenido que pasar años para que el Holocausto forme parte de la realidad de la historia de Francia, minada por un rechazo inconfeso del pasado, para que no se deje el camino libre a falsedades y comparaciones peligrosas.

Han transcurrido casi tres horas desde el comienzo de la entrevista. Ningún síntoma de cansancio o fatiga. No ha omitido nada. Lo que más la exaspera es lo aproximado, lo vago, la falta de precisión. ¿Cuántas veces, en su despacho de la rue de Rome, la he oído quejarse de cartas mal redactadas, de notas mal expresadas que le habían presentado, de libros mal escritos? Lo corregía todo, lo supervisaba todo. Luchaba incansablemente contra las ideas vagas o frívolas. Yo defendía la causa de los desdichados de los que se ocupaba. Luego llegaba el momento en que me interrogaba sobre mi trabajo, mis investigaciones, mis proyectos, que ella apoyaba ¿Había hecho progresos? Esperaba mucho de los hombres y las mujeres que dedicaban su tiempo a la historia de la deportación de los judíos de Francia.

Una tarde no bastó para que Simone Veil respondiera al cuestionario que habíamos preparado para todos los testigos. Sin dudarlo un momento, a pesar su agenda repleta, regresó a los estudios de Bry-sur-Marne, un 17 de mayo de 2006. El mismo operativo, el mismo traje color malva.

«Señora Veil, nos vimos la semana pasada para empezar este testimonio. Antes de proseguir, ¿querría comunicarnos algo que se le haya ocurrido tras ese testimonio?».

Sus primeras palabras son para reconocer que había tenido tiempo de «decir lo más importante». Pero quiere subrayar hasta qué punto es esencial la transmisión cuando están desapareciendo los últimos testigos. Y cuando desaparezcan los testigos de los testigos (de los que formo parte), ¿qué lugar ocupará la Shoah? ¿Cómo transmitir esa memoria a las generaciones más jóvenes?

Hay un pasaje sorprendente donde ella recuerda su primer viaje a Auschwitz después de la guerra. Es poco conocido: en enero de 1960, con motivo del 15.º aniversario de la liberación del campo, los soviéticos organizan una ceremonia en honor del Ejército Rojo. Invitan a participar en ella a Edmond Michelet, compañero de la Liberación, antiguo deportado a Dachau y entonces ministro de Justicia. Al no poder asistir, delega en Simone Veil, una joven magistrada de su ministerio, para que lo represente. Ataviada con un abrigo de piel y ya muy acostumbrada a la cámara del enviado especial, la superviviente testifica. Cuando *Paris Match* la fotografía en enero de 2005 frente a la entrada del campo, sus hijos y sus nietos la acompañan.

Entre los innumerables viajes en los que participó, Simone Veil insiste en recordar el que la condujo hasta Bergen-Belsen, donde, el 27 de octubre de 1979, en calidad de presidenta del Parlamento Europeo, rindió homenaje a los sinti y los romaníes asesinados allí por el Tercer Reich.

Al final de la entrevista, nuestro protocolo prevé una secuencia durante la cual los testigos muestran en pantalla y comentan lo que queda de su «vida de antes», las escasas fotos de sus padres, de su infancia, a veces mensajes en trozos de papel escritos en el «Vél d'Hiv», como llamaban al Velódromo de Invierno de París, o arrojados desde trenes que se dirigían a Auschwitz, certificados de fe de vida, documentaciones falsas, certificados de repatriación, carnets de identidad, ínfimas huellas de su historia.

Le toca el turno a Simone Veil, y lo hace de buena gana. Su rostro cambia, su voz se torna más clara, casi jubilosa, mientras, con las gafas en equilibrio sobre la nariz y una sonrisa en los labios, vuelve a ser la niña pequeña, traviesa y rebelde, o infeliz por no estar sentada en las rodillas de su madre. Se produce un momento conmovedor cuando, mientras hojea el álbum de fotos amarillentas que ha traído consigo, presenta las de su hermano Jean, que soñaba con ser fotógrafo, las de la dulce Milou, muerta en un accidente de coche en 1952, y las de Denise, con quien comparte sus recuerdos, haciendo revivir a cada uno de ellos.

Y finalmente, en un tono más grave, aborda su compromiso con Europa. Tras regresar de la deportación, Simone Veil le da la vuelta a su condición de víctima para hacer de ello el punto de partida de una lucha por la reconciliación franco-alemana, en la que su madre creyó hasta su último suspiro en Bergen-Belsen. Un mensaje de esperanza para que «los jóvenes puedan tener un futuro que no se vea manchado desde el principio por el rencor, el odio y el deseo». No hay reparación para el dolor y el sufrimiento. La tragedia de la Shoah es imborrable. Solo la esperanza de que no será olvidada puede mitigar el dolor.

Dominique Missika

Personas completamente laicas

Mis padres eran parisinos los dos, y, de hecho, nacieron en la misma calle por casualidad, avenue Trudaine, en París. Sus familias procedían principalmente de Alsacia y Lorena, de Estrasburgo y de los alrededores de Metz. Por lo que respecta a mi padre,* encontramos documentos familiares que datan de 1750-1760 en un pueblo que visitamos hace unos años con mis hijos, que está, no sé, a unos diez o veinte kilómetros de Metz. Todavía hay un cementerio muy antiguo en una colina, en lo alto del pueblo, donde se han encontrado algunas lápidas de mis antepasados. En cuanto a mi madre, cuyo apellido de soltera era Steinmetz,** es todo mucho más complicado. No hemos podido identificar las ramas de la familia, pues los elementos y la información de que disponíamos no nos han permitido llegar muy lejos.

En mi familia, por ambas partes, parece que durante mucho tiempo —en cualquier caso, tengo pruebas de ello por parte de mi padre, porque encontré un testamento de mi abuelo, o quizá incluso de mi bisabuelo, en el que decía que no quería un rabino en su funeral— fueron personas completamente lai-

---

* André Jacob (París, 1891-¿Lituania, Estonia?, 1944).
** Yvonne Steinmetz (París, 1900-Bergen-Belsen, 1945).

cas; la religión parece haber estado ausente durante mucho tiempo. En la genealogía de mi padre coexisten personas que trabajaban en el comercio, en diversas profesiones, pero absolutamente ningún rabino —lo cual, creo, es muy raro en las familias judías—. Por parte de mi madre tengo mucha menos información, así que no lo sé. Pero mi abuela materna* también era completamente laica. Para mis padres, la religión no existía, o al menos su apego al judaísmo no estaba vinculado en absoluto a la religión. Y subrayo este apego porque, al mismo tiempo, eran judíos que se reconocían como tales. Eran parisinos de nacimiento, pero se instalaron en Niza unos años después de casarse, porque mi padre era arquitecto. Había ganado el Premio de Roma de Arquitectura y combatió en la guerra del 14. Se casaron en 1922, tuvieron dos hijas que nacieron en París y luego se trasladaron a Niza.** En aquella época, la Costa Azul parecía tener un futuro muy prometedor gracias al turismo, sobre todo inglés. Mi padre se instaló como arquitecto en Niza en 1924, mi hermano nació allí en 1925 y yo en 1927. Nunca salimos de Niza hasta que nos detuvieron.

Esa ciudad siempre me ha parecido un lugar muy agradable para vivir, y siempre me he sentido muy unida a ella, me siento nizarda. Más que mis hermanas mayores, incluso, que llegaron muy jóvenes pero que no tenían el mismo apego a la

---

* Alice Weill (Bruselas, 1863-París, 1953), esposa de Gaston Steinmetz (París, 1855-1922).

** Madeleine, «Milou», de casada Jampolsky (París, 1923-Meaux, 1952).

Denise, de casada Vernay (París, 1924-París, 2013).

Jean (Niza, 1925-¿Lituania, Estonia?, 1944).

Simone (13 de julio de 1927-30 de junio de 2017) nació en Niza y falleció en París.

ciudad. Mis padres llevaron allí una vida bastante cómoda los primeros años, hasta 1929. La crisis afectó con especial dureza a la Costa Azul, sobre todo en lo relativo al turismo, a la expansión de la ciudad y sus alrededores; mi padre trabajaba a la vez como arquitecto en Niza y en La Ciotat, ese puerto donde se reparaban los barcos. Era ante todo un arsenal que, en aquella época, empezó a desarrollarse como ciudad turística por contraste con la cercana Marsella. La crisis de 1929 acaba con las esperanzas que podía albergar él en su profesión, y el nivel de vida de mis padres se resiente considerablemente por ello. Éramos cuatro niños muy unidos, ya que había cinco años de diferencia entre mi hermana mayor y yo, que era la menor. Hasta 1930-1932, vivimos en un edificio muy burgués, en un barrio burgués de Niza, del que guardo vagos recuerdos. Recuerdo sobre todo la casa donde nací y frente a la cual pasábamos todos los días camino del instituto, pero luego nos fuimos a un barrio más obrero, y más alejado del liceo.* Ese traslado reflejaba el declive del nivel de vida de mis padres.

---

* Su familia vive en la avenue Georges-Clemenceau n.º 50, antes de mudarse, tras la crisis de 1929, a la rue Cluvier n.º 1.

Dale un beso de mi parte

Mi madre empezó a estudiar Química, pero lo dejó porque se casó muy joven, antes de terminar la carrera. Era lo que se llama un ama de casa. Y ella, como ocurría a menudo con las madres que se quedaban en el hogar y contaban con ayuda, se ocupaba de la Gota de Leche: no eran dispensarios, sino lugares donde las madres podían aprender a cuidar de sus hijos, donde las ayudaban materialmente y les hacían la vida un poco más fácil.

Por regla general, estaba especialmente disponible para sus amigos, para todos los que necesitaran apoyo o ayuda. Era una persona particularmente generosa y muy muy guapa. Pero ignoraba por completo su belleza, no le importaba. Por encima de todo, era extremadamente dulce, aunque esa no es la palabra exacta, no me gusta mucho usar ese término porque sugiere que no tenía carácter, que era demasiado flexible, incapaz de pensar o algo así. Por encima de todo, era extraordinariamente generosa y digna... Yo llevaba muy mal no estar junto a mi madre, muy mal. Era la más pequeña y, como ya he dicho, no había mucha diferencia de edad entre los hermanos, pero siempre era yo quien me sentaba en su regazo o la cogía de la mano cuando cruzábamos la calle. Y enseguida me enrabietaba si no era yo quien le daba la mano. Del mismo modo, cuando nos sentábamos alrededor de la mesa, a la hora de comer, ya un poco más mayores, siempre sufría por no estar al lado de mamá y tener que sentarme junto a mi padre, que era mucho más severo. Necesitaba su presencia, y para mí era una cuestión casi, no diría de supervivencia, pero sí esencial, afectiva... Si por la noche, incluso ya de mayor —ellos no salían mucho, pero, bueno, tenían amigos—, no me daba el beso de buenas noches cuando me iba a la cama, no me dormía. Así que ella delegaba en mi hermana. Yo quería mucho a mi hermana mayor, solo me llevaba cinco años, pero para mí siempre fue, en cierto modo, una segunda madre. De hecho nos deportaron a las tres juntas. Así que, antes de salir, mamá le decía: «Dale un beso de mi parte», y así yo contaba con doble protección. La vida en casa era muy familiar.

No sufrí en absoluto con la mudanza, me gustaba nuestro segundo piso. Era mucho menos cómodo. No había calefacción central, pero la gran estufa en medio de la vivienda calentaba muy bien, y los inviernos en Niza eran mucho menos fríos que en París. No obstante, un detalle que recuerdo, por ejemplo, y que me llamó la atención cuando nos mudamos, es que el suelo era de baldosas, mientras que en el antiguo piso había parquet. Aquello suponía una diferencia en cuanto a comodidad, una diferencia de standing. Del mismo modo, mientras que en la casa donde vivíamos, en la avenue Georges-Clemenceau, una avenida preciosa, había un pequeño jardín a la entrada del edificio, en la rue Cluvier había una lavandería. Pero, al mismo tiempo, y debo decir que, de niña, a los siete, ocho, diez años, no notaba la diferencia, había un gran establecimiento de horticultura justo enfrente de nuestra segunda residencia. Desde el balcón de nuestra habitación podíamos ver al hortelano. Incluso teníamos permiso para ir a pasearnos por el huerto, lo cual me parecía muy agradable. El barrio, bueno, la calle donde vivíamos, era menos acogedor, pero era el barrio de la iglesia rusa y estábamos muy cerca del campo. Siempre me ha gustado ese campo de Niza. Estábamos encantados con la naturaleza, y era muy importante en mi vida. Había, no sé, a unos diez minutos a pie en aquella época —hoy está todo edificado, por desgracia—, un bosquecillo con mimosas y violetas, y solíamos ir a pasear por allí. Así que para mí eso compensaba con creces el hecho de que el barrio fuera menos elegante.

Además, vivíamos cerca de la iglesia rusa, una especie de reproducción de las iglesias moscovitas. Se construyó cuando el zar llegó a Niza a principios de siglo. Muchos rusos refugiados en Niza tras la Revolución de Octubre acudían a esa iglesia ortodoxa. La persona que ayudaba a mamá era una rusa que me caía muy bien, debió de llegar a casa cuando yo tenía tres años más o menos, y se vino con nosotros cuando nos mudamos. Como más adelante empecé a hacerme trenzas, todo el mundo pensaba que era rusa, me hablaban en ruso en el barrio. Me decían: «¡Pero, bueno, estás renegando de tu nacionalidad al no hablar ruso!»; y no querían creer que esa con la que me paseaba por el barrio no era mi madre. (*Sonríe*).

Se llamaba Antoinette,* y seguramente venía de una gran familia rusa. Se casó joven, con un marido complicado. Cuando volvimos de la deportación y la vi de nuevo, me dijo: «¿Sabes?, no creas que alguna vez he echado de menos Rusia. La persona que más he querido en el mundo ha sido tu madre, y fui muy feliz en su casa. Su... [desaparición] ha sido la gran desgracia de mi vida».

* Antoinette Babaïeff.

Aquí estoy dando un salto porque estoy hablando de ella y me gusta hablar de ella... Se enteró del día en que nos iban a deportar y la vimos, creo que fue la última persona en el momento de la deportación que distinguí desde el tren, nos despedía. Debió de ser una de las personas que más sufrió... porque mamá no volviera. Era como una hermana para ella. Quise mucho a Antoinette. Mamá no hacía ninguna diferencia, Antoinette trabajaba en casa, la ayudaba, pero en realidad trabajaba con ella, como si se lo hubiera pedido a una hermana. Eso explica por qué la gente del barrio pensaba que ella era mi madre, además de mamá. Quienes no conocían a mamá y me veían con Antoinette, pensaban eso. Así que era una vida muy muy familiar.

Los nombres malditos

Éramos cuatro. Mi hermana mayor se llevaba poco con la segunda. Pero había una diferencia grande, muy grande, entre ellas. Mi hermana mayor era la buena, nunca hacía travesuras, sin duda era mucho más tranquila, muy seria, probablemente muy madura. Estuvo bastante enferma de pequeña. Quizá eso la volvió tan madura. En cambio, la segunda, mi hermano y yo estábamos muy unidos, nos queríamos mucho, existía una gran complicidad entre nosotros, pero al mismo tiempo a veces había peleas fuertes. Además, pienso, retrospectivamente, que yo le sacaba bastante provecho al hecho de ser la más joven, y eso puede que en ocasiones fuera un poco difícil para los demás.

Mi hermana mayor se llamaba Madeleine, en memoria de una hermana que había perdido mi padre, y que de joven tuvo, creo, tifus o no sé qué otra dolencia. La segunda se llamaba Denise; luego estaba mi hermano, que se llamaba Jean. Y yo me llamo Simone, un nombre muy clásico de esa época. Entonces había mucha menos diversidad de nombres, y me parece que la gente estaba más o menos obligada a elegir los de la lista de los santos, ¡lo cual suena muy extraño hoy en día! Pero los funcionarios del Registro Civil eran estrictos, y además, por aquel entonces se retomaban a menudo nombres provenientes de la tradición familiar, de los abuelos, de personas que habían desaparecido y a las que se quería recordar.

Cuando evoco esta cuestión de los nombres, no puedo evitar acordarme de un primo, un primo hermano, que era hijo de una hermana de mi madre. Se llamaba André* y estaba muy unido a nosotros, pasábamos juntos todas las vacaciones. Se llamaba André en memoria de uno de sus tíos, al que nunca conoció porque lo mataron en la Primera Guerra Mundial, creo que en octubre de 1918. A mi primo André también lo mataron unos días antes del final de la guerra. Había escapado a la deportación y fue asesinado. Ingresó en la Escuela Politécnica de París y durante las vacaciones de Pascua de 1945 preguntaron si había algún voluntario entre los alumnos para ir a la guerra. Creo que se fueron quince días, y el sábado, el último día, lo mataron. Así que siempre me llaman la atención esos nombres, los nombres que la gente intenta perennizar, aunque ya no tengamos eso, guerras entre europeos. Eso me hace pensar, porque se me mezclan las ideas, en una entrevista en la que Kohl, cuando aún era canciller, explicó que en su familia había habido una serie de muchachos llamados Walter en las distintas guerras, y que los habían matado a todos. Digo esto para explicar que la desgracia que se ha perpetuado en las familias alemanas y francesas es algo que ya no conocemos en la actualidad. Hoy en día es más fácil ponerle un nombre a alguien sin pensar que serán nombres malditos.

(Hace una pausa).

* A André Weismann, conocido como Poucet («Pulgarcito»), primo hermano de Simone Jacob, hijo de Suzanne Steinmetz (de casada, Suzanne Weismann), lo mataron el 9 de abril de 1945, en los últimos combates de la Liberación. Tenía veinte años.

Así era la vida

Así pues, era una vida fácil. Las cuestiones materiales apenas contaban. No éramos nada exigentes. El mar estaba al alcance de todos en cuanto hacía buen tiempo. A mis padres les gustaba mucho el esquí; incluso después de llegar a París siguieron yendo a esquiar; tengo fotos de ellos con raquetas, antes de que existiera el deporte del esquí; iban a todas las estaciones que había relativamente cerca de Niza. En aquella época se tardaba más o menos hora y media en llegar a Valberg o a Allos en autocar. Y también llevaban a sus hijos a esquiar, desde muy pequeños. Aparte de eso, no hacíamos mucho ejercicio, pero el esquí y la natación eran los deportes que practicábamos en familia. Entonces me encantaba nadar, pero, como no me gustaba el frío, nunca me entusiasmó el esquí. Además, cuando empezamos a ir a esquiar — yo tendría unos cuatro o cinco años, quizá, la primera vez—, nos alojábamos en chalets con mala calefacción, chalets de clubes de esquí y en sitios por el estilo, porque todavía había muy pocos hoteles. No había remontes, así que había que subir la montaña con los esquís a cuestas. De pequeña, a veces me decían: «Oye, ahora volvemos, llevas el almuerzo colgado del cinturón». Yo tenía unos seis o siete años, y cuando volvían me encontraban helada, llorando, así que no fui mucho a esquiar. El resto de la familia iba a menudo, pero yo me quedaba en casa de unos amigos o con Antoinette. Después, mis padres ya casi no iban a esquiar y, aunque mi hermano y mis hermanas sí siguieron practicando el esquí, yo tiré la toalla, por así decirlo, porque nunca se me dio bien.

Diría que, aparte de eso, nuestra vida... Era una vida muy... Una vida en la que los hermanos nos mezclábamos, nos cruzábamos siempre en los mismos sitios. Estaba compuesta por el instituto, los *boy scouts* un poco más tarde, la familia, los amigos, y los amigos de la familia. De hecho, acabábamos teniendo los mismos amigos a través de las relaciones de nuestros padres, o de las nuestras en clase, que eran nuestros compañeros de instituto y de los *boys scouts*. Todos éramos *scouts*, mi hermano fue lobato, luego *boy scout*, y las tres hermanas, *girl scouts*.* Mamá participaba en todo aquello, entre otras cosas porque le gustaba recibir a nuestras amigas; la casa siempre tenía las puertas abiertas, y a menudo algunas, como vivían a las afueras de Niza, venían a comer a casa a mediodía. Era una casa abierta, sin lujos, pero siempre había gente... Invitábamos a todas las amigas, y mamá también nos confeccionaba las corbatas de *girl scout*. Además, cada vez que hacía falta una madre para participar o trabajar en lo que fuera, o para las kermeses del instituto o para las *girl scouts*, siempre se podía contar con ella. Y la mayoría de nuestras amigas encontraban en nuestra casa a una persona muy acogedora, comprensiva.

Lo curioso, en aquella época, es que en casa mis padres se preocupaban mucho más por nuestra cultura, por nuestras lecturas, que por nuestras notas. Mi padre estaba muy pendiente de lo que leíamos. Nunca fuimos, ninguno de los hermanos,

---

* Simone Jacob estuvo inscrita en la sección neutra de la Federación Francesa de las *Girl Scouts* de Niza entre 1940 y 1943.

especialmente brillantes, alumnos aventajados. Con que pasáramos al curso siguiente bastaba, nos dejaban tranquilos, y nosotros estudiábamos solo para llegar a eso. No nos esforzábamos mucho, precisamente porque teníamos el tiempo ocupado en otras cosas, las *girl scouts*, las amigas, los paseos, porque, aparte de esos paseos, es decir, de los paseos de los *scouts*, los jueves y los domingos nos gustaba mucho ir a caminar con nuestro padre por los alrededores de Niza. A veces lo acompañábamos cuando iba a medir unos terrenos. En aquella época la ciudad de Niza no era tan extensa, bastaba con coger el tranvía hasta la última parada para encontrarse en medio del campo. Recuerdo lugares como Biot, hoy completamente edificados, o, algo más lejos, donde había campos de amapolas, de flores. Vence o Saint-Paul-de-Vence se hallaban en plena campiña. Y nos encantaban las excursiones campestres, así que los domingos que no había salida con los *scouts* nos íbamos a comer al campo, muy cerca de Niza. Aunque no me gustaba esquiar, el mar sí me encantaba, y a menudo me desviaba de camino a casa desde el colegio, que no estaba muy lejos, para ver el mar, sobre todo durante la guerra, cuando había menos distracciones, la vida era más dura y yo era más mayor. Siempre me ha gustado mucho más el mar que la montaña; la montaña me suele parecer triste, me produce melancolía. En vacaciones, siempre he preferido ir al mar. Me atrae el campo, pero no soporto la sensación de estar a los pies de un monte. En lugares como Chamonix, donde la gente disfruta dando largas caminatas, yo, por el contrario, me siento un poco abrumada por la montaña. Prefiero las grandes mesetas, la montaña que domina me aplasta un poco. Así era la vida, eso era... era la vida.

Cuando digo que nos mezclábamos, es porque teníamos los mismos amigos, y casi siempre los mismos profesores; yo era la última, así que solía heredar los profesores de mis hermanas. Mamá iba a menudo a buscarnos, incluso de mayores, pero ya no para llevarnos a casa, sino simplemente para disfrutar de nuestra presencia. Nos recogía y a veces la gente pensaba que era nuestra hermana mayor. Era realmente como una hermana mayor; también estaba muy unida a nuestras amigas.

La buena literatura

Antes me refería a nuestras lecturas, he pensado muchas veces en ello; es curioso que mi padre, siempre tan pendiente de lo que leíamos, no se interesase por nuestros estudios, por nuestras notas. Sin embargo, cuando aún éramos unos niños, muy pequeños, nos leía los cuentos de Perrault, las *Fábulas* de La Fontaine, siempre los clásicos. Más adelante no soportaba que leyéramos las novelitas tontas que estaban de moda cuando teníamos trece, catorce años, novelitas románticas o cosas que él consideraba literatura, bueno, no literatura, libros que realmente no aportaban nada y eran completamente ridículos. Por eso recuerdo que me sorprendí mucho cuando, yo tendría catorce años, me dio a leer a Montherlant. Nunca me habría dejado leer una novelita inglesa, «y encima mal traducida», añadía... También recuerdo que de muy joven leí *La sonata a Kreutzer* de Tolstói porque era una buena traducción, era buena literatura. Él no soportaba que leyéramos revistas, porque le parecían totalmente vulgares y carentes de interés. Tenía un concepto muy claro de lo que podía cultivarnos, enriquecernos, y, al contrario, de lo que podía degradar nuestras ideas, vulgarizar nuestra percepción de las cosas. A veces nos costaba, porque no tenía mucho que ver con lo que leían algunos de nuestros compañeros, pero al mismo tiempo creo que nos enriqueció mucho.

Sin duda la de la guerra, al salir mucho menos, fue la época de mi vida durante la cual leí más; de hecho, no perdí mi gusto por la lectura a la vuelta de la deportación. Por desgracia, luego tuve mucho menos tiempo para dedicarme a ello. Pero recuerdo los periodos en que estaba embarazada de mis hijos, o cuando eran muy pequeños... Tuve el deseo y la oportunidad de releer una tras otra todas las obras de Balzac. Después, me han tentado más los libros por la novedad. Mi padre no leía muchos libros recientes. La literatura que leíamos era Jules Romains, Duhamel, que ahora está muy pasado de moda, incluso Gide, que tuvo tanto éxito entonces, no sé si ahora se relee el *Diario* de Gide, parece desfasado. Todo aquello nos ocupaba mucho tiempo en la vida, en las conversaciones.

Lo más curioso es que a mi padre, que tanta importancia daba a la lectura, a la cultura, que adoraba bailar, no le gustaba la música. Y eso era motivo de disputa entre mis padres, porque a mamá le encantaba la música, y se sentía frustrada por no poder asistir a conciertos. De hecho, entonces había muchos menos conciertos en Niza que hoy, es una ciudad que se ha desarrollado mucho, como todas las grandes ciudades de provincias, sin contar con que ahora se puede disponer de grabaciones excelentes sin salir de casa. Pero la música estaba bastante ausente en la nuestra. Y eso le dolía mucho a mamá. Por el contrario, a él le encantaba la pintura, y aún más la escultura. En Niza apenas había exposiciones, y los museos eran bastante pobres. Hoy está el bellísimo museo Chagall que entonces no existía. Nos conformábamos con ver reproducciones. En casa había un piano, pero nunca lo utilizó nadie, o muy poco. Durante la guerra, un primo que había estudiado piano vivió en nuestra casa y supongo que lo tocaba. Pero, aparte de eso, la música era la gran ausente.

Todo el mundo quería a mamá

Mamá asistía de vez en cuando a algún concierto con amigos, pero de manera muy esporádica. Era una de esas esposas que salen poco sin su marido. Y a su marido le habría gustado tenerla para él solo. Creo que esa era la verdad. Él la amaba, era un buen padre. Quería mucho a sus hijos, pero mi madre era de su propiedad, y a nosotros nos dolía porque también era propiedad nuestra. Nos la disputábamos mucho. *(Sonríe)*. Y además ella tenía amigos que se creían con derechos sobre ella. Pero mi padre consideraba que esos derechos eran exclusivamente suyos. Cuando aún ejercía de arquitecto, hizo construir una serie de viviendas que luego se pusieron a la venta. La última casa que construyó como arquitecto data de 1941 o algo así. Y allí nos instalamos. Era una casa muy pequeña,* con un dormitorio para ellos, un comedor, y para los cuatro hijos, ya crecidos —yo, que era la pequeña, tenía catorce o quince años—, un único dormitorio con dos literas de dos camas. A los hijos aquello nos pareció algo absolutamente extraordinario; nos dijimos: «Ya está, ya se ha instalado en su casa con su mujer». Nos quería mucho, pero su sueño era estar solo con su mujer, por quien sentía auténtica pasión.

* En La Ciotat (Bouches-du-Rhône).

Todo el mundo quería a mi madre. Y en el campo, puesto que la deportaron con nosotras, mis amigos conservan de ella un recuerdo excepcional, porque incluso cuando cayó muy enferma, y luego casi moribunda, siempre dio ánimos a todo el mundo, y decía: «Vamos a volver, esto se arreglará». Lo habría dado todo, lo que tenía, cuando tenía algo, y es que era incapaz de pensar en sí misma. Si tenía un mendrugo de pan, se lo daba a otra persona porque estaba convencida de que tenía más hambre que ella. Y creo que toda su vida fue una vida de generosidad, una vida entregada a los demás, sin ser consciente ni de su excepcional belleza ni de su dignidad. Porque en los periodos más difíciles siempre dio muestras de una dignidad extraordinaria (*baja la voz*), realmente extraordinaria.

Se declara la guerra

Es una fecha que recuerdo por un motivo muy concreto: estábamos de vacaciones, teníamos familia en París, la hermana de mi madre. Las dos hermanas estaban muy unidas. Mi tía ejercía de oftalmóloga. Tenían una casa cerca de París.* Durante mucho tiempo, pasamos las vacaciones en La Ciotat. Con nuestros primos, el chico, que se llamaba André, con quien me llevaba muy bien, y una chica algo mayor, pasábamos siempre las vacaciones de verano juntos. Aquel año no estuvimos allí. Probablemente debíamos ir a La Ciotat después, así que pasamos las vacaciones cerca de París en la casa que los tíos tenían cerca de Beauvais. Me acuerdo bien: habíamos estado en un campamento de *girl scouts* en el monte Aigoual, y el campamento duró tan solo unos días porque enseguida se declaró una epidemia de escarlatina. Las jefas del campamento nos explicaron que teníamos que volver a nuestras casas. Mis tíos, que eran médicos, nos dijeron: «Venid, aislaremos a las hermanas que se hayan contagiado de escarlatina, venid a pasar las vacaciones a nuestra casa, cerca de París». Aislaron a mis dos hermanas,

* Suzanne Steinmetz, hermana mayor de Yvonne Jacob, fue una de las primeras mujeres oftalmólogas. Se casó con Robert Weismann, médico de la Salud Pública. Compraron una casa de campo en La Neuville-d'Aumont (Oise) que los Jacob solían frecuentar.

era el verano del 39, para que no nos contagiaran la escarlatina a los demás niños.

Me acuerdo perfectamente: el día en que se declaró la guerra todavía estábamos allí, yo les enseñé las manos porque se me estaban pelando; ya sabe usted, cuando se tiene la escarlatina, las manos se pelan. Y seguramente fui yo la primera que tuve la escarlatina y se la contagié a todo el mundo. Recuerdo que me dolía la garganta desde los primeros días del campamento de las *girl scouts*. Me reprendieron: «Quieres vaguear, no te apetece ir a buscar leña para el fuego (para cocinar, como se hacía en los campamentos de *scouts*), tú no tienes nada de nada». En realidad, probablemente era un principio de escarlatina, porque empieza así. La cuarentena de mis hermanas concluyó el día que se declaró la guerra. Entonces nos fuimos inmediatamente, volvimos a La Ciotat, estábamos todos juntos y escuchamos la declaración de guerra. Mi tío fue movilizado enseguida. Había sido comandante durante la guerra y era médico, así que se marchó. Mi padre, que era demasiado mayor, no fue. Acabamos todos, más o menos, en La Ciotat. Mi tío se puso furioso por lo de Múnich, también mis padres, y dijo que habíamos cedido frente a los alemanes, que la declaración de guerra era inevitable, pero no podía imaginarse lo que iba a pasar; ni él ni nadie, de hecho. Nadie. Era la *drôle de guerre* (la «guerra de broma»), como se la llamó. Volvimos al colegio con normalidad, es cierto que los padres de algunos amigos nuestros habían sido movilizados, pero teníamos noticias suyas, y no pasó nada hasta mayo de 1940.

Nos costaba creerles

Evidentemente, en mayo de 1940 Niza estaba protegida, lejos del frente, pero empezaba a llegar gente del norte de Francia. En Niza, antes del estallido de la guerra, en 1939-1940, oímos hablar mucho de Alemania, porque de 1933 a 1934, y sobre todo en los años siguientes, llegaron muchos refugiados, refugiados políticos, bastantes de Alemania, pero también de Austria a partir de 1938. Lo que nos contaban era espantoso, tanto que a veces nos costaba creerles. Con todo, nos dábamos cuenta de que había situaciones... Cuando hablaban de las personas detenidas, nos las imaginábamos en los campos, pero también hablaban de personas que recibían cajas que contenían cenizas, y nos contaban un montón de cosas terribles que no nos creíamos. Ni lo relativo a los campos de comunistas y socialdemócratas, ni acerca de la represión de los judíos. En Niza la mayoría de los refugiados eran judíos, y nos costaba creerles.

Albergamos a refugiados en nuestra casa. En aquella época, los que se habían ido a tiempo aún tenían algo de dinero, no estaban en la miseria. Mamá hizo mucho por acogerlos, se preocupaba por cómo podíamos ayudarles a encontrar trabajo, a instalarse y a vivir, así que estábamos relativamente bien informados. Pero siempre sopesábamos las cosas diciendo: «No es posible que eso esté ocurriendo de forma tan organizada y a tal escala». No recuerdo la Noche de los Cristales Rotos* ni cómo ocurrió, pero sí sé que seguíamos los acontecimientos con mucha preocupación.

Mi padre no hablaba mucho de ello, porque consideraba que los padres no debían hablar de política delante de sus hijos. Retrospectivamente, tiendo a pensar que su negativa a hablar de política delante de los niños era porque mis padres no compartían del todo el mismo punto de vista. Seguramente mi padre era más conservador, se situaba más a la derecha que mi madre. Me di cuenta de que no leían los mismos periódicos. En Niza había dos diarios matutinos, uno de derechas, *L'Éclaireur*, y el otro, *Le Petit Niçois*. Papá iba a menudo a La Ciotat por su trabajo. Y cuando él no estaba en casa, mamá compraba *Le Petit Niçois*, de lo contrario nunca lo leería... *(Sonríe)*. Y los semanarios que leía eran de izquierdas, desde luego, algo que no agradaba a mi padre. Había entre ellos una discrepancia política que, de hecho, venía de que mis tíos, de los que ya he hablado, los médicos, habían sido, creo, simpatizantes comunistas. Yo no los conocí así, pero cierto número de amigos suyos estuvieron en la Unión Soviética en 1934, de donde volvieron muy decepcionados: no era el paraíso que habían imaginado. A su regreso contaron que el viaje fue muy frustrante, y que habían visto cosas inaceptables. Pero cuando estalló la guerra de España, oí decir a mi tío en más de una ocasión: «Voy a alistarme», lo cual no hizo. Era funcionario médico, supongo

* Nombre dado al pogromo que tuvo lugar la noche del 9 al 10 de noviembre de 1938 contra los judíos del Reich a causa de los cristales de las casas, los escaparates de las tiendas y las vidrieras de las sinagogas que se rompieron.

que sería un paso difícil de dar; en definitiva, mi madre estaba más situada a la izquierda que mi padre, mucho más. Hasta entonces no teníamos radio, y ya no hablo de una televisión, que aún no existía. Pero a partir de 1940 nos pusimos a escuchar las noticias. Las divergencias políticas ya no eran las de siempre, ahora se veía la política de otra manera. Quizá uno de los últimos recuerdos de la guerra sea el de Dunkerque. El padre de un amigo de mis padres estuvo en la batalla de Dunkerque, se fue a Inglaterra y los ingleses lo repatriaron, algo que nadie entendió. Ni eso, ni la declaración de guerra.

Conservo un recuerdo muy preciso de la declaración de guerra por parte de los italianos, porque mi padre tenía una tía, ya mayor, que vivía en Cannes y a la que íbamos a visitar de vez en cuando. Y habíamos ido a verla a principios de junio. En el andén de la estación de Cannes, los periódicos explicaban la puñalada por la espalda que significaba la declaración de guerra de los italianos.* Por aquel entonces, en Niza había mucha gente que odiaba a los italianos, porque eran los vecinos y porque, en el fondo, en otro tiempo fueron los propietarios del condado de Niza, que dependía de Italia, así que los nizardos temían que la declaración de guerra y una eventual derrota brindaran a los italianos la oportunidad de anexionarse el antiguo condado de Niza, y ellos se vieran atrapados sin poder hacer nada. Cuando llegó el armisticio,** mi padre se dijo de repente: «Niza va a ser anexionada», y de-

* El 10 de junio de 1940, Italia entra en guerra del lado de Alemania.
** El 17 de junio de 1940 se firma el armisticio entre Francia y el Tercer Reich.

cidió mandarnos fuera. Nos subió a los cuatro hermanos en un tren para que nos reuniéramos con nuestros tíos, que habían huido de París a Toulouse, pensando: «Así no se harán italianos». Tenía un miedo tremendo a que los italianos se anexionaran Niza. De hecho, nos quedamos muy poco tiempo en Toulouse, en junio de 1940. Estábamos allí cuando aconteció el 18 de junio, y mi tío y mi tía nos enviaron de vuelta a Niza porque intentaron marcharse a Inglaterra, pero no encontraron barco. Tuvieron que regresar y no pudieron salir de Francia como esperaban. Así que ese es el periodo del año 40. Una *drôle de guerre*, como la llamábamos, que acabó muy mal.

También hubo una gran discrepancia política entre mi padre y mis tíos. Durante mucho tiempo, a mi padre le pareció inconcebible que Pétain, al que consideraba el vencedor de Verdún, pudiera colaborar con los alemanes como hizo. Probablemente esa fue una de las razones por las que, cuando tuvimos que ir a que nos sellaran los carnets de identidad con la palabra «judío», ni se le pasara por la cabeza cuáles serían las consecuencias de aquello. Había combatido en la Primera Guerra Mundial, estuvo preso durante parte de ese tiempo, odiaba a los alemanes, al igual que todos los descendientes de las familias alsacianas que abandonaron la Alsacia ocupada para venir a Francia. Pero mi familia paterna alsaciana llegó aquí mucho antes de la guerra de 1870. Y parte de la familia se quedó. Mi padre no podía imaginarse que Pétain colaboraría con los alemanes. Y sobre todo que no pudiera reconocer lo que representaban los veteranos franceses, aunque fueran judíos. Se dio cuenta muy tarde. Sin embargo, con el Estatuto de los Judíos,* pronto se vio incapacitado para trabajar, aunque a veces se servía de alias. Pudo seguir trabajando un poco porque algunos amigos arquitectos le dieron trabajo. No podía imaginarse que Francia fuera a traicionarlo. Era muy patriota.

---

* El segundo Estatuto de los Judíos, promulgado el 2 de junio de 1941, fijaba un *numerus clausus* para los médicos, los abogados, los notarios, los farmacéuticos, los dentistas, las comadronas, los arquitectos. Perdían el derecho a ejercer su profesión. Se previeron algunas, escasas, excepciones.

Yo no sabía lo que era ser judía

En el instituto* no hubo ningún cambio. Allí no padecí antisemitismo. La única vez que oí un comentario antisemita se remonta a mi época del parvulario. Antes hablaba de la simbiosis que se daba entre familia, escuela y *scouts*. Había un instituto de niñas, que todavía existe, donde también estudiaban los chicos hasta los doce o trece años, cuando terminaban la primaria en el mismo centro. Y como mis hermanas iban allí, me llevaban por la mañana. Con cuatro o cinco años yo iba al parvulario. En el patio de los pequeños, me parece estar viendo a una compañera... Probablemente sea mi primer recuerdo. Y me dijo: «Eres judía, tu madre arderá en el infierno». Y es un recuerdo que me... Naturalmente, me fui a casa llorando. No sé si me llevaron mis hermanas o si mamá fue a buscarme. El caso es que volví a casa llorando y lo conté. Es increíble, aquello fue en 1931 o algo así, y creo que después pasé toda la guerra sin escuchar ni un solo comentario antisemita.

En el fondo, yo entonces no sabía lo que era ser judía. Pero probablemente me enteré un año después de aquel comentario

---

* El instituto femenino Albert-Calmette.

en el parvulario. Mis hermanas lo sabían, éramos judías, y ya está. Pero nunca íbamos a la sinagoga, no celebrábamos ninguna fiesta. No sabíamos nada de las fiestas. Me enteré de qué era el Yom Kipur ya de mayor, lo recuerdo muy bien, fue en el 37. Habíamos ido a ver a nuestros primos a París con ocasión de la Exposición Universal. Mamá lo hacía una vez al año, pero no solía llevarnos. Los viajes en tren eran mucho más largos y caros con cuatro niños pequeños. Era complicado, de manera que solo pasábamos por París cuando íbamos al campo, a casa de los tíos. Así que fuimos a la Exposición Universal con nuestros primos y primas. Probablemente nos acompañaba un adulto, no sé quién. Cuando volvimos, después de pasar allí todo el día, dijimos que ya habíamos almorzado; en el pabellón de Alsacia comimos chucrut. En el estand estaba una abuela de mis primas. Seguramente nos llevó nuestra abuela, la abuela paterna de mis primos. Y cuando se enteró de que habíamos comido chucrut con cerdo se quedó horrorizada: era el Yom Kipur, y ella había ayunado. *(Se ríe)*. ¡Así me enteré de qué era el Yom Kipur!

En otra ocasión fui con una prima mía a la sinagoga, creo que fue más tarde, en 1939, justo antes de la guerra. Era una prima italiana que frecuentaba la sinagoga, y me llevó. Mi padre le dijo: «Como me entere otra vez de que la has llevado a la sinagoga, no volverás a poner los pies en esta casa». No creo que fuera masón, pero era profundamente laico, como mamá, de hecho. Totalmente laico, con un humanismo, una filosofía y una moral enormemente exigentes.

Recuerdo haberme escandalizado, no sé, allá por 1975 o 1976, tal vez después, durante un programa de radio —no diré con quién porque esa persona sigue en la política, o más bien en los servicios sociales, en las obras sociales y esas cosas— en el que se hablaba de laicidad. La persona en cuestión dijo: «Para ser generoso, hay que ser cristiano»; y luego, a modo de rectificación, añadió: «Incluso católico». Era una radio muy libre, pero de tendencia católica, con la sede cerca de Sèvres. La gente estaba sorprendida, y yo intervine:

—¿Cómo puede decir usted algo así?
—Para complacer a Dios.
— ¡Lo que acaba de decir es espantoso!
Estaba indignada.
—Cuando pienso en mi madre, que era la persona más generosa del mundo, y que usted sea capaz de decir...

¡Uno no hace las cosas para complacer a Dios! Las hace por moral, por la gente a la que quiere, simplemente porque no soporta ver sufrir a los demás. Debía de ser allá por los años ochenta, porque yo ya no estaba en el Gobierno. Me tomé aquellas palabras como un terrible ataque a la persona de mi madre, una mujer que realmente era capaz de dar su trozo de pan cuando estaba deportada, y antes, incluso su camisa...

Las primeras detenciones

La vida material era muy complicada. Ciertamente, Niza es una región donde se encuentra fruta en invierno, naranjas y mandarinas, pero a decir verdad no había muchos cultivos. Íbamos a ver a los labriegos, sobre todo mi hermana, yo nunca he sido muy deportista. Aunque todavía era muy joven. Mi hermana tenía una bicicleta, así que salía a ver lo que podía comprar por los alrededores. Hacíamos colas tremendas en la tienda de comestibles. Comíamos muy mal. Siempre teníamos hambre. Recuerdo que en 1942-1943 pasamos hambre de verdad. No quedaba de nada. Había quien recibía paquetes de otras regiones. Pero nosotros no teníamos familia en el campo que pudiera enviarnos algo. Mamá hacía cola todo el tiempo. No sé si se pesaba el pan, pero casi, se cortaba en rebanadas idénticas. Luego, en clase, nos daban pan para que tuviéramos algo más que comer. La gente adelgazó mucho. Mi padre perdió 35 kilos, era alto pero delgado. Algunos podían trapichear en el mercado negro, nosotros no.

Más tarde, nuestra familia parisina por parte de madre vino a vivir con nosotros durante un tiempo, así que aún éramos más. Luego se trasladaron a Toulouse y después a Suiza, porque tenían familia allí. A continuación, llegó la familia de mi padre. Detuvieron a mi tío* en el 41, y cuando lo soltaron se escondieron en casa una temporada. Tuvieron que abandonar París, pero no se desplazaron enseguida a Niza. Vivían en un piso no muy lejos de nosotros y estuvieron yendo a comer a casa durante bastante tiempo. Creo que los niños que no fueron deportados, pero cuyos padres sí lo fueron, en algunos casos corrieron peor suerte que los propios deportados. Es insoportable, inimaginable. Estoy viendo a mi prima... Cuando mamá murió en el campo... estaba en tal estado... *(hace una pausa)* que me dije que casi era una liberación... Los que no estuvieron en los campos vivieron situaciones angustiosas, momentos terribles.** Es algo que siempre me ha llamado la atención. La angustia de los niños escondidos, o que, sin estarlo, se quedaron a esperar el retorno de sus padres; primero esperaron la liberación del país, luego el fin de la guerra, y siempre albergaban esperanzas. Nosotros lo vivimos sobre la marcha, pensábamos que no íbamos a volver, no es lo mismo. *(Hace una pausa).* Y aquí estoy.

A principios de julio de 1941, los judíos de la zona sur tenían que inscribirse en el censo. Nos tenían que sellar el carnet de

---

* Pierre Jacob, su esposa Suzanne y sus tres hijos, Francine, Micheline y François, pasaron clandestinamente la línea de demarcación. Pierre Jacob, antiguo combatiente, condecorado con la Legión de Honor, fue detenido en su domicilio de París el 12 de diciembre de 1941 durante la «Redada de los notables», e internado en el campo de Compiègne. Posteriormente fue liberado por causas médicas.

** Francine y Micheline se escondieron en casa de una familia en Isère. Detuvieron a sus padres y a su hermano François en Niza, de donde fueron deportados el 26 de abril de 1944 a Auschwitz. No volvieron.

identidad a todos. En aquel momento aún vivíamos en nuestro piso de la rue Cluvier. No pensábamos en absoluto en mudarnos, en cambiar de vida, así que ni se me pasó por la cabeza no ir. Mi hermana decía que yo siempre fui mucho más desconfiada, que dije que no había que hacerlo. No lo recuerdo así. No nos sentíamos realmente amenazados. Sabíamos que habían arrestado a extranjeros, eso sí, pero el resto, mi padre no podía ni imaginárselo.*

Su hermano, que era ingeniero diplomado de la Escuela Central de Artes y Manufacturas, tenía una empresa para la que se nombró a un administrador provisional, era una empresa que fabricaba calderas, no recuerdo exactamente... Fue detenido en diciembre de 1941 durante la gran redada de judíos franceses que trabajaban en profesiones liberales, comerciantes, médicos, abogados e ingenieros. Lo internaron en Compiègne y, como estaba muy enfermo, lo liberaron y fue entonces cuando vino, o un poco más tarde, a vivir a Niza. Como fueron los alemanes quienes llevaron a cabo la redada en 1941, mi padre pensó que, con los franceses, y mientras Niza disfrutara del Estatuto, no podría pasarle a él.

En agosto de 1942 llegan noticias de extranjeros detenidos.** Algunos de ellos se instalan en nuestra casa por unos días. Pero no se quedan mucho tiempo, porque pensamos que corren el riesgo de ser detenidos incluso en nuestro domicilio.

---

* A finales del mes de julio de 1941, André Jacob se presentó en la comisaría de policía de su barrio para el censo impuesto a todos los judíos franceses y extranjeros.

** Seis semanas después de la redada del Velódromo de Invierno, se organizó otra de gran envergadura en la zona libre, a iniciativa de Vichy, para entregar a los alemanes a judíos extranjeros y apátridas internados en los campos, bajo arresto domiciliario o refugiados.

Tuvimos huéspedes en varias ocasiones, creo que vinieron por mediación de mi hermano, que tenía más relaciones con el exterior. Papá veía a muy poca gente. Creo que fue él quien nos dijo una vez: «Hay personas que no saben adónde ir y que tienen que quedarse aquí unos días». Recuerdo que estábamos muy sorprendidos porque eran muy creyentes; el viernes por la noche había que apagar la luz, o bien los chicos llevaban la kipá, cosas así... Nosotros seguíamos igual de alejados de la religión. Llegaban a casa y luego se iban bastante rápido, en cuanto encontraban cómo marcharse. Porque había ciertas redes a través de las cuales se podía salir de Niza.

A partir de ese momento me confundo bastante con las fechas, con los cambios que se produjeron... Recuerdo que en noviembre de 1942 vimos italianos vestidos de uniforme, nos burlábamos de sus cascos con plumas de gallo... En el fondo, no tuve la sensación de que se había producido un gran cambio en nuestra vida cotidiana. Seguía asistiendo a clase en el instituto, la vida continuaba. Pero todo cambió de la noche a la mañana con la capitulación de los italianos y la presencia inmediata de la Gestapo, antes incluso de que llegaran los soldados alemanes.* Hasta entonces teníamos una compañera de clase de origen italiano. Sabíamos que su padre era italiano. Nos enteramos de que era uno de los responsables bajo la Ocupación. Ni siquiera creo que la boicotearan. La mejor amiga de mamá era italiana, teníamos razones para pensar que sus padres eran, casi con toda seguridad, fascistas. Pero en realidad no creo que entendiéramos lo que significaba políticamente el fascismo. Básicamente, no lo poníamos en absoluto al mismo ni-

---

* El 8 de septiembre de 1943, tras la caída de Mussolini y el armisticio entre Italia y los Aliados, los alemanes invaden Niza.

vel que el nazismo, y ni siquiera sé si por aquel entonces nos imaginábamos que en Italia se detenía y se deportaba a judíos. Es curioso, porque mi padre temía mucho una anexión italiana; la idea le daba pánico. Los italianos estaban mucho menos demonizados, diría yo; es verdad que, en cierto sentido, su trayectoria no fue exactamente la misma. De todos modos, el régimen de Mussolini detuvo y deportó a un número relevante de judíos.* En Francia, bajo protectorado italiano, los judíos estaban más protegidos, proporcionalmente, que en otras regiones; mientras los italianos permanecieron allí, estuvieron más protegidos. Y entonces, así, de pronto, de un día para otro...

---

* Cerca de 8.600 judíos fueron deportados desde Italia.

Estoy en peligro

Puedo decir que fue el 8 de septiembre, el 8 o el 9 de septiembre, y que las redadas empezaron al día siguiente.* Los padres de mi mejor amiga del instituto eran de origen alsaciano y regentaban una farmacia muy grande justo enfrente del instituto femenino. Era una familia judía muy conocida en Niza, y al día siguiente de que la Gesta... de la llegada de los alemanes, es decir, al día siguiente del armisticio italiano, mi amiga, que era un año o unos meses mayor que yo, y sus padres fueron detenidos y deportados.** Al día siguiente.

Por aquellas fechas me enteré de inmediato. De hecho, mi hermano pensó que sería aún más problemático para un chico, e intentó salir de Niza. Había una gran zona, en los Bajos Alpes o en los Alpes Marítimos, que era un campamento *scout*

---

* Las detenciones de los judíos empezaron a partir del 10 de septiembre de 1943 con la llegada del SS Alois Brunner, que organizó una redada sistemática de todos los judíos de la Cosa Azul.

** Colette Ewselmann, de diecisiete años, que vivía en el n.º 12 de la avenue du Maréchal-Foch, es detenida junto con sus padres, una pareja de farmacéuticos. Los deportan a los tres el 7 de octubre de 1943 a Auschwitz, de donde no volverían.

con una casa antigua, toda una instalación.* Intentó llegar allí para esconderse, pero se lo impidieron. Volvió y no encontró dónde ocultarse, probó en uno o dos sitios, y al final acabó quedándose en Niza. En ese momento empezaron las detenciones en nuestra ciudad. Muchas eran producto de redadas callejeras llevadas a cabo por pequeños equipos de la Gestapo. Dos o tres personas vestidas de civil. Antes me referí a los rusos, y no hay que generalizar, pero algunos rusos se convirtieron enseguida en cómplices... Estaban completamente integrados en la Gestapo, los ayudaban, denunciaban a la gente que conocían y, sobre todo, llevaban a cabo detenciones.** Para ellos, aquello formaba parte de la lucha contra el comunismo.

En aquel momento, a través de mi hermano, creo, o de otras personas, conseguimos todos papeles falsos y nos cambiamos los nombres.*** ¿Rompimos nuestra documentación? No me acuerdo. Era septiembre y volvimos al instituto el 1 de octubre. Debí de seguir yendo a clase dos o tres meses, algo así. En el instituto yo estaba matriculada con el apellido Jacob.

Todo el mundo sabía que yo era judía, así que, al cabo de dos o tres meses, la directora me dijo que ya no quería que siguiera asistiendo a clase.**** Probablemente porque habían arrestado a una alumna. Creo que la directora anterior era ma-

* Les Courettes, refugio para los *boy scouts*, más allá de Tourette-sur-Loup, en el interior de la región nizarda.
   ** El SS Alois Brunner se valió de delatores y «fisionomistas» que sembraban el pánico en las calles de Niza. Obligaban a los hombres a bajarse el pantalón, y si estaban circuncidados, eran arrestados de inmediato.
   *** Los Jacob se convierten en los Jacquier.
   **** Simone Jacob se había matriculado en el curso preparatorio para la Universidad, y se vio expulsada del centro el 18 de octubre de 1943. El motivo que aparece en el registro es: «Traslado».

sona, lo cual no era muy común en aquella época, y por eso la habían echado unos años antes. Luego estaba esa directora que era... —no sabíamos lo que pensaba— muy poco agradable. En el instituto masculino algunos alumnos dibujaron una cruz de Lorena, pero en el femenino nunca pasó nada, ningún incidente. Creo que tal vez era más estricto que el masculino.

La directora me hace saber, pues, que ya no quiere que vuelva a poner los pies en el instituto, e inmediatamente algunas compañeras —yo estaba en el curso preuniversitario, en Letras, sección Filosofía— me comunican que ellas me darán las clases y que los profesores se han ofrecido a corregirme los trabajos. Así que pude seguir estudiando para pasar el examen de acceso a la Universidad. Si llego a estudiar Ciencias, o a estar preparando la reválida superior, no habría podido seguir trabajando a distancia.

Niza era bastante inestable en aquella época, porque mucha gente empezaba a pensar que podría haber un desembarco, y estaban haciendo obras a lo largo del paseo marítimo. Como se pensaba que Niza podía ser evacuada por un posible desembarco, el examen de acceso a la Universidad se adelantó a finales de marzo y las clases terminaron pronto. Antes de aquello, cuando dejo el instituto, ya estoy viviendo en casa de una mujer* que había sido profesora de mis hermanas, una catedrática de instituto, de Griego, Latín y Francés, que ya tenía tres o cuatro hijos, creo... Es ella quien se presta a acogerme porque cree que estoy en peligro.

Mi hermana se instala en el mismo edificio, dos pisos más abajo, en el domicilio de su antiguo profesor de Física y Quí-

* Mireille de Villeroy, que vivía en el boulevard Carabacel, cerca de la biblioteca municipal.

mica. Así que las dos vivimos muy cerca del instituto femenino. Mamá y papá se esconden en casa de un delineante* que trabajó con mi padre cuando era arquitecto, y que los acoge, a ellos y a mi abuela. Puede que mi hermano también esté con ellos en ese momento. Era fotógrafo.** Mi hermana Denise no regresó. En el verano de 1943 fue a un campamento de las *girl scouts*, un campamento para jefas, creo, probablemente en la Drôme.*** Había muchos campamentos en esas zonas protestantes, lugares bastante resistentes, y ella entabló amistad con gente que estaba en la Resistencia. Incluso antes de que nosotros nos escondiéramos, decidió ir a Lyon y unirse a la Resistencia. Abandonó sus estudios y trabajó para el periódico clandestino *Franc-tireur*. Se quedó en Lyon hasta que nos arrestaron. Cuando se enteró de nuestra detención, se incorporó al maquis de Ain y la detuvieron en junio de 1944, justo después del desembarco. Pero nunca nos enteramos de que la habían arrestado.

Así que paso el examen de acceso a la Universidad en marzo con mi verdadero nombre, porque había conservado mi carnet de identidad auténtico, y al día siguiente**** sigo vi-

---

* César Bolletti había sido delineante en el despacho de arquitecto de André Jacob.

** Jean Jacob encontró un empleo en el estudio de Léo Mirkine, fotógrafo en Niza.

*** Denise, alias Miarka en la Resistencia, se refugió en casa de una amiga *girl scout* en Saint-Marcellin, en Isère, que estaba en contacto con el maquis del Vercors. El 18 de junio de 1944 la detuvieron en Aix-les-Bains cuando transportaba dos transmisores. Fue conducida a la prisión de Montluc, fue interrogada y torturada por la Gestapo (suplicio de la bañera). Fue deportada el 26 de julio de 1944 a Ravensbrück, de donde regresaría.

**** El 30 de marzo de 1944.

viendo en casa de esas personas, los Villeroy, descendientes de Charles-Christian de Sajonia...* Gente a la vez muy amable y muy curiosa. Ella era profesora, y su madre era muy conocida porque durante mucho tiempo fue directora del instituto Duruy, en París, durante la guerra. Personas muy cultas, y muy pedagogas. Todos los años se celebraba en Niza una competición de esquí y otra de natación el mismo día. Durante varios años, ella fue la campeona de ambas. Se trataba, desde luego, de un personaje bastante especial. En cuanto a su marido, era muy excéntrico. Creo que nunca tuvo un empleo y se ocupaba mucho de los niños. Había puesto un cartel en la puerta pidiéndole a la gente que se abstuviera de llamar al timbre y que entrase solo si no tenía nada que pedir, porque había niños en la casa y no se les podía molestar. De hecho, en cuanto oía el timbre o llegaba alguien, se iba a la cama. Era un personaje pintoresco y encantador. Era exquisitamente educado conmigo —yo no estaba acostumbrada a eso en absoluto, tenía dieciséis años—, como si fuera una mujer. Nunca se habría sentado en mi presencia. Si su hijito de cuatro o cinco años se sentaba estando yo delante, le reñía. Casi nunca salía de casa, siempre rodeado de sus libros. No creo que recibiera ingresos de sus propiedades en Sarre. Era un ambiente muy particular... Al igual que en los domicilios de otra mucha gente, en la pared había mapas, en especial el mapa del frente oriental. Como esperábamos la liberación de un momento a otro, seguíamos la contienda muy de cerca. Pero la vida era muy tranquila. Por las mañanas yo cuidaba del bebé en el jardín que había justo al lado. Como pensaba que estaba completamente a salvo gracias a mis papeles falsos, iba a trabajar

---

* Heredero de los fabricantes de porcelana.

a la biblioteca municipal, muy cerca de la casa, a cinco minutos, o, de vez en cuando, salía a hacer alguna compra al centro. Ni se me pasó por la cabeza que me estaba exponiendo a que me arrestaran.

La detención

Mi madre no venía nunca a visitarme y yo no iba a ver a mis padres. A veces nos reuníamos fuera, nos citábamos, pero mi madre jamás me visitaba. Jamás. Y eso, tengo que decirlo, fue catastrófico. Un día, mamá quedó con mi hermana, y como no se encontraron, ella fue a buscarla a su casa. Por su parte, mi hermano, aunque no la había visto en todo ese tiempo, también se presentó allí. Cuando me detuvo la Gestapo, intenté advertirles de que debían utilizar otro carnet de identidad, porque, en cuanto vieron el mío, los de la policía se dieron cuenta de que era falso. La firma era bastante rara, de color verde, y me dijeron: «No hace falta que nos explique que su documento es auténtico. Mire, aquí tenemos un montón, iguales, en blanco». Incluso era posible que hubieran sido ellos quienes los pusieron en circulación, no sé.

Me detienen en la calle, en Niza, en el barrio donde vivíamos antes, que se llamaba el barrio de los Músicos, bastante cerca del hotel Excelsior,* donde solían agrupar a la gente antes de... Y no muy lejos de la estación de tren. No recuerdo si

---

* El hotel Excelsior, en el n.º 19 de la rue Durante, cuartel general del capitán de las SS Alois Brunner, sirvió de centro de reagrupamiento de judíos detenidos en Niza antes de su traslado a Drancy.

me pidieron la documentación dos personas, creo que una mujer y un hombre. Yo estaba con dos amigos y se la enseñé, sin imaginar que aquello pudiera entrañar algún riesgo. Nos llevaron a los tres al hotel de la Gestapo, que no estaba lejos a pie. Me dijeron: «Sus papeles son falsos, etcétera». Yo contesté inmediatamente: «Claro que no. No, no». Y entonces me enseñaron todos aquellos carnets. Así que pensé que era mejor decírselo a mi familia para que cambiaran de documentación. Le pedí a un chico que fuera a avisar a las personas que me hospedaban, y le di la dirección, convencida de que nadie de mi familia se encontraba allí. Creo que siguieron al muchacho y, por una casualidad verdaderamente espantosa, en la escalera dieron con todos los que estaban allí, mamá, mi hermano... Mi hermano, que ni siquiera estaba circuncidado, que nunca debería haber estado allí... Ni mamá ni mi hermano habían ido jamás allí. Jamás.

En el Excelsior

Así pues, mi hermana Madeleine, mamá y mi hermano son detenidos con pocas horas de diferencia. Los cuatro acabamos en el Excelsior, donde nos quedamos una semana, o algo menos. Todo dependía del día en que te arrestaban, porque al final de la semana, el sábado, creo, había un vagón reservado para... También nos chantajeaban diciéndonos: «Si uno se escapa, los demás del mismo compartimento morirán». En realidad, si hubiéramos imaginado lo que nos esperaba... No nos interrogaron durante esa semana en el Excelsior. No nos preguntaron la dirección de mi padre, nada. En el hotel, todos los días traían a gente que había sido arrestada en sus casas, o a la que habían detenido en la calle. No había grandes redadas. Lo hacían así, sin más. Al azar. Aparte de una de mis amigas, que fue detenida en su casa con sus padres, la mayoría de las personas que conocía en Niza fueron arrestadas en la calle.

En el hotel estábamos los cuatro en una habitación. Quizá había una o dos personas más... Estábamos en el suelo, encima de unos colchones. Nos daban de comer bastante bien y, curiosamente, entre los SS había un alsaciano muy simpático. ¡Quién sabe si no lo mandaron a «hacer un recado»! Bueno, no creo. En cualquier caso, se le notaba muy descontento de estar allí. A menudo incorporaban a los alsacianos a las SS. Al día siguiente, nos animan —no diría que nos autorizaron, sino que nos animaron— a escribir para pedir que nos envíen lo que necesitemos. Mamá escribe a su amiga italiana, que no solo es católica, sino también de una familia muy bien considerada.* Su marido es médico y sabe dónde encontrar algunas cosas, gracias a Antoinette, pero nosotros no pedimos mucho, solo ropa de abrigo y mantas. Los alemanes nos incitaban a pedir la mayor cantidad de cosas posible, ya que, a fin de cuentas, íbamos a recuperarlo todo. Así parecía que teníamos algo, aunque no sirviera de casi nada. Mamá pidió unos libros. Estaban las *Fábulas* de La Fontaine, unos tomos de Molière, de Racine, de Pascal...

Mi padre y mi abuela seguían viviendo en Niza, en casa de la familia Bolletti, dos hermanos que habían trabajado de delineantes con mi padre, y creo que su anciana madre aún vivía. No tenían un gran piso, y cuidaron de mi abuela hasta nuestra.... hasta la Liberación. En ese momento mis tíos y mis tías, que vuelven de Suiza, van a buscarla a Niza, y entonces mi abuela se va con ellos a París. Pero hasta que se va con mis tíos, permanece todo el tiempo en esa casa.

---

* Elena Guiberteau era una buena amiga de Yvonne Jacob.

Inimaginable

El viaje de Niza a Drancy fue relativamente cómodo, ya que se trataba de un vagón ordinario unido a un tren ordinario, simplemente custodiado por hombres de las SS. Según las instrucciones, hay un responsable por compartimento en caso de fuga, y los centinelas se sitúan al final del vagón en las paradas de cada estación, puesto que el tren se detiene en las paradas ordinarias. Si algún joven se ve tentado por la idea de escapar, los otros le dicen que todos vamos a... aunque probablemente la vigilancia no era tan férrea y alguno podría haberse evadido. El chantaje con los supervivientes, bueno con los otros, siempre pesa mucho. Creo que sabemos que vamos a Drancy, creo que sí, que ya lo estamos comentando entre nosotros. Pero no pensamos mucho más allá de Drancy. Creemos que vamos a trabajar a unos campos, etc. Es inimaginable lo que... Ni siquiera después, en los vagones. Ni siquiera cuando estamos en Drancy.

Llego a Drancy el 7 de abril de 1944. Esas grandes habitaciones son siniestras... Permanecemos juntos todo lo posible. No nos asignaron ningún trabajo, sabíamos que estábamos destinados a marcharnos muy pronto. Nos enteramos de que los jóvenes no se van, la gente del campo dice que van a quedarse en Francia para trabajar en la organización Todt. Como no estamos nada seguros de lo que nos espera después de Drancy, intentamos decirle a nuestro hermano que se quede en Francia. Así que se queda en Drancy, al menos así se decide la víspera. Cuando se forma el convoy, cuando se avisa a la gente que saldrá en el convoy a primera hora de la mañana siguiente, se especifica que los hombres menores de cincuenta años y los jóvenes mayores de dieciocho no se van. Así es como mi hermano se queda en Drancy y no es deportado a Auschwitz. En cuanto al resto, cuándo nos vamos, no lo sabemos... Dicen que vamos a trabajar... ¿A Alemania? No se sabe. Pero, entre los responsables judíos del campo, algunos deben de sospechar lo que sucede. Dicen que vamos a Pitchipoï...* ¿Está en Alemania? ¿Está en Francia? ¿En Polonia? Creemos que la familia podrá mantenerse unida. No pensamos que puedan separarnos. Nadie se imagina, o al menos nadie evoca las cámaras de gas. Realmente nadie. Así que nos decimos: «Vale, será duro, trabajaremos, volveremos, prepararemos una buena comida para los niños». Realmente, es inimaginable... *(Hace una pausa).*

* «Pitchipoï» es una palabra yidis que designa un mundo imaginario. Lo utilizan los internos del campo de Drancy para referirse al destino desconocido de los convoyes de deportados hacia el este.

El convoy 71

Había 1.480 personas en el convoy 71, que salió de Drancy el 13 de abril de 1944. Yo iba en el mismo vagón que mi madre y mi hermana, y siempre estábamos juntas. Siempre permanecimos juntas. Diría que la única vez que estuvimos separadas fue cuando trabajé en el exterior, en Bergen-Belsen. Había campos separados, había que cruzar el alambre de púas, los puestos de control, pero al terminar el día, siempre volvía con ellas. Y la única vez que no vi a mi hermana, creo, aparte de las dos veces que acabamos en la cocina a medianoche a causa de los bombardeos, fue el día que los británicos liberaron el campo. Por lo demás, siempre permanecimos juntas, en los convoyes. Siempre...

Lo que más recuerdo del viaje era el espacio, el lugar donde sentarse e intentar dormir. Y luego estaban los baldes...* ¿Hay que comerse lo que tenemos o es mejor guardarlo para después? Porque en el momento de partir todavía nos quedaba pan, alguna que otra cosa... No lo sabemos, ¿qué tendremos allí? Los hay que se lo comen todo, otros que prefieren conservarlo. Intentamos ver dónde paramos mirando a través de las diminutas rejillas de ventilación, antes de darnos cuenta, enseguida, en

---

* Había cubos para que hicieran sus necesidades en ellos.

cuanto salimos de Francia, de que estamos cruzando Alemania. Es el mes de abril, me parece que no hace ni frío ni calor. También hay personas enfermas, bebés que lloran, y nosotras intentamos mantenernos unidas en un rincón. No tengo muchos recuerdos. Guardo muchos de después, del viaje entre Gleiwitz y Dora, pero de ese viaje, no... Debimos de quedarnos dormidas, incluso sentadas.

Auschwitz

Era noche cerrada. Hacia las doce o la una de la madrugada, no sé. El tren se detiene bruscamente. Las puertas se abren y, como son vagones para el ganado, unas personas en pijama de rayas entran corriendo, haciéndonos salir a toda velocidad. Ladridos de perros. Aquella iluminación tan brutal, debido a que en el andén están esos focos que proyectan una luz muy intensa sobre los vagones. La salida de los vagones es muy rápida gracias a esos presos, puesto que, en el fondo, para nosotros, van vestidos como presos. Todo transcurre muy muy deprisa. Algunos llevan un bolsito de mano o una bolsa pequeña. Me parece recordar que yo no. De hecho, creo que nunca había tenido ningún bolso de mano. No había maletas, solo pequeños equipajes. Nos sacan fuera y nos ponen en fila bajo los focos. Uno de aquellos presos, probablemente un francés... Creo que siempre elegían a personas de la nacionalidad de los que llegaban en el convoy porque eso les ayudaba, no a calmar a la gente, sino a hacerles comprender que tenían que ponerse en fila. El francés en cuestión me pregunta: «¿Cuántos años tienes?». Le respondo: «Dieciséis años y medio», y me dice: «Di que tienes dieciocho». Y eso nos pasó a muchos. Al menos entre los jóvenes, porque con dieciséis años a veces entras en el campo, pero no muy a menudo, porque la edad es dieciocho.

Así que nos ponemos en fila y entramos las tres. No nos damos cuenta de lo que pasa, apenas tenemos tiempo de ver que apartan a los niños o a los que dicen estar cansados. Como estamos juntas las tres, ni siquiera decimos que estamos cansadas. Pensamos que la gente de los camiones se nos unirá luego, así que no nos hacemos demasiadas preguntas. Y, además, en ese momento la rampa que conduce al crematorio aún no está instalada, hemos llegado justo antes, así que vamos a pie hasta el interior del campo.

Nos encontramos en una especie de edificio de hormigón, con algunas ventanas en las esquinas, donde no hay nada. Nos sentamos en el suelo, intentamos dormir y hablamos entre nosotras. Pasamos unas horas así. Las que están con nosotras y tenían familia en los camiones no se preocupan. Luego aparecen las kapos.* Empiezan a venir las kapos —deportadas— y nos dicen: «Si tenéis joyas, si tenéis dinero, dádnoslo, porque de todas formas no vais a conservar nada, así que es mejor que nos lo deis». Una amiga que había viajado con nosotras desde Niza tenía, siempre lo recordaré, un frasco de perfume Lanvin —compro el mismo de vez en cuando, siempre pensando en ella *(sonríe)*— y preferimos ponérnoslo nosotras antes que dárselo a ellas. Y luego esperamos, nos dicen cosas terribles, no les hacemos caso. Ni siquiera intentamos dormir, imposible, así que conversamos.

Hacia las cinco o las seis de la mañana, no sé, se presenta todo un grupo de kapos, unas para afeitarnos la cabeza, otras el ve-

---

* Los kapos son presos y presas encargados de supervisar a los deportados.

llo del cuerpo. A pesar de todo, tenemos suerte —lo digo porque es importante— de que a la mayoría de las mujeres de nuestro convoy no nos afeiten el pelo. Nos dimos cuenta después. A algunas se lo afeitaron, pero a muy pocas. Si tienes el pelo corto pero no afeitado, psicológicamente es muy muy distinto, desde luego. Luego está el tatuaje. Evidentemente, el tatuaje no duele. Pero nos decimos que si nos tatúan es porque ya nos consideran solo números y, sobre todo, que no vamos a salir de ahí, que es algo para toda la vida. Eso es lo que pensamos. Luego empiezan a correr los rumores. O, más bien, como la mayoría tenía familia que se había ido en los camiones —era raro que hubiera gente que no se encontrara en esa situación—, empezaron a preguntar dónde estaban... Las kapos y las veteranas les replican: «Bah, mira, mira el humo. Los han gaseado y se acabó». Pensamos que nos mienten adrede, no podemos creerlo, lo cual demuestra que era inimaginable... Nadie dudó en subirse al camión. Probablemente incluso los que lo sabían no dijeron nada, precisamente para asegurarse de que no hubiera... *(Hace una pausa)*.

Recuerdo mi número...* Es muy cómodo tener uno. Cuando quiero estar segura de recordar un número, para la combinación de una caja fuerte, para una llave, tengo dos: mi número y el 18 de enero de 1945, es decir el 18145.** Es el código que uso para una maletita que me gusta y que tengo en casa, siempre cerrada... Son cifras que no se olvidan. La del brazo, está claro que no puede olvidarse, aún sé decirla en alemán. Pero el 18 de enero de 1945, tampoco.

* El número 78651.
** Fecha de la evacuación del campo de Auschwitz. Comienza la «marcha de la muerte» de los deportados hacia los campos en Alemania.

Permanecemos en el mismo bloque, todas juntas, en cuarentena, pero en realidad ya empezamos a trabajar desde ese mismo momento. Como llegaban vagones con piedras, que había que cargar o descargar, y siempre había cosas que limpiar, que nivelar, nos quedamos muy poco tiempo en el bloque. Enseguida, incluso durante la cuarentena, llevamos a cabo excavaciones, que era la ocupación principal en los campos para cualquiera que no supiera hacer algo útil, en una fábrica, por ejemplo. Así que trabajábamos con piedras. Deprisa, muy muy deprisa, descargábamos las piedras de los vagones que llegaban. Qué estaban construyendo... lo ignoro. Siempre nos preguntamos para qué servían todos aquellos movimientos de tierra. Transportábamos cosas, cavábamos zanjas o nos dedicábamos a quitar todas las piedras de un terreno, el terreno en cuestión tenía que quedar completamente llano. Eso fue más tarde, cuando estuve en Bobrek. Nunca entendí cuál era su utilidad, si querían construir una pista de tenis. En fin, no tenía el menor sentido.

Solidarias

Enseguida conocí a Marceline* en el campo, porque éramos de las más jóvenes; ella era algo menor que yo. También estaban Sonia y Laurette; Laurette, que era bailarina y bailaba para la jefa de las SS en el campo. Entonces éramos, no sé, al menos diez bastante más jóvenes que las demás. Hay una gran diferencia entre tener quince años y medio, dieciséis, y más de dieciocho. Las que tenían más de dieciocho hablaban de sus amoríos, de su vida que ya tenían hecha. Nosotras éramos las pequeñas, siempre yendo de aquí para allá, escuchándolo todo, buscando la manera de no trabajar... Es curioso, porque mi hermana, la que estuvo en Ravensbrück, me dijo que allá era un poco lo mismo. También había una gran diferencia entre las que tenían más o menos veinte años y las que ya tenían una vida más organizada, las mayores, que siempre encontraban insoportables a las jóvenes... Incluso la actitud de las mujeres de veinticinco años era curiosa; por ejemplo, oí a algunas decir: «Oh, sois jóvenes, no sabéis lo que es la vida. No sabéis lo que os perdéis». Había rivalidades de edad.

* Marceline Rozenberg-Loridan-Ivens (1928-2018) fue detenida junto con su padre en Bollène (Vaucluse) y deportada en el mismo convoy 71 que Simone Jacob, el 13 de abril de 1944.

Marceline y yo nos hicimos buenas amigas enseguida, junto con otras dos o tres más. Pero en el campo estreché lazos especialmente con Marceline. Intentábamos eludir el trabajo, así que de vez en cuando nos ocultábamos en un rincón. Era más fácil durante la cuarentena que estando en los comandos a los que nos destinaron más adelante. Durante la cuarentena lo conseguimos dos o tres veces; esperábamos, nos escondíamos un momento cuando se iban los comandos y, una vez que se habían ido, todo iba sobre ruedas. Nos quedábamos y recorríamos el campo para intentar ver qué pasaba.

Así fue como nos encontramos con el bloque de las comunistas francesas, de las que ambas guardamos un recuerdo horrible. Como oímos hablar francés, nos alegramos mucho y nos dijimos: «Ah, hay un bloque de francesas»; no sabíamos quiénes eran. Así que nos acercamos. Habían llegado pronto, a finales de 1942 o a principios de 1943, ya no me acuerdo. Y habían empezado a trabajar en el campo en condiciones muy duras. Hubo una epidemia de tifus. Ese día nos acercamos y empezamos a hablar con ellas. Marceline tenía quince años, quince años y medio, yo apenas tenía diecisiete, y prácticamente nos trataron de judías asquerosas: nos dijeron: «La verdad es que, si os hubierais unido a la Resistencia, no estaríais así». Cosas realmente increíbles. Así que más tarde, cuando a Marceline y a mí nos hablaron de la solidaridad en los campos, incluso entre diferentes deportaciones, tengo que decir que... nos volvimos un poco escépticas. Es un recuerdo muy amargo para las dos. Si nos hubieran dicho: «Vale, bien, sois judías...». ¡Pero mostrar tal agresividad hacia nosotras!

Podríamos haberlo olvidado si, por otra parte, no hubiéramos escuchado aquel discurso según el cual existió una solidaridad general. Recuerdo cuando se programó la serie *Holocausto*: yo era partidaria de que se difundiera, la había visto antes y me parecía muy interesante, aunque fuera un producto de Hollywood, independientemente de las imágenes y, sobre todo, de las reacciones de la burguesía judía alemana interrogada sobre una posible deportación. No se lo creían. Me recordó exactamente el discurso que había oído en Francia. El padre patriótico, «cómo yo, nosotros, los veteranos...», y exactamente las mismas frases en alemán o en francés. Históricamente, la serie era interesante, no se trataba solo de una imagen de Épinal. Es cierto que los dos episodios sobre la deportación eran muy malos, aunque mostraron cierto número de cosas a la gente que no había visto nada. Después, en el plató,* oí decir a algunas personas que, afortunadamente, lo maravilloso del campo era la solidaridad entre todas las mujeres, y que las comunistas habían sido muy solidarias con las judías... Tengo que decir que eso se me quedó atragantado, porque no puedo dar ningún ejemplo. Ese día, así lo afirmé. Sentó mal en el plató.

Es interesante la cuestión de la solidaridad, porque hubo, a la vez, más y menos de lo que se cuenta. Vivíamos todas hacinadas, ya lo sabemos. Pero, aparte de eso, estaba la familia, o, a menudo, la amiga a la que se había conocido en la prisión, en Drancy o trabajando, y entonces se entablaban pequeñas relaciones solidarias entre personas que lo compartían todo.

---

* El 6 de marzo de 1979, el programa televisivo «Les dossiers de l'écran» («Los archivos de la pantalla») emite la serie estadounidense *Holocausto* seguida de un debate con la presencia de Marie-Claude Vaillant-Couturier, resistente comunista deportada a Auschwitz y más tarde a Ravensbrück.

Yo me fijaba especialmente en las pequeñas polacas o eslovacas que se hicieron jefas de bloque o kapos. A veces eran muy duras, porque llevaban en los guetos desde finales de 1939, habían perdido a toda su familia; en ciertos casos, habían fusilado a treinta o cuarenta personas delante de ellas... Así, sin más, fusiladas. Algunas ocupaban puestos de responsabilidad, llevaban allí mucho tiempo y se habían endurecido terriblemente. Yo me decía que lo único que les quedaba era la capacidad de compartir algo entre ellas. Darían la vida la una por la otra. Sin eso, ya no serían seres humanos, porque no tienen a nadie, nada. Cuando luchan, luchan por sí mismas, pero también por su amiga. Y a pesar de las circunstancias, ese tipo de solidaridad se dio muy a menudo, no solo entre amigas, sino también cuando se veía a alguien pasando grandes penalidades. Contrariamente a lo que se haya podido decir, la gente no cometió barbaridades, en absoluto.

El año pasado, con motivo de la conmemoración, yo estaba en el plató del programa de televisión de Giesbert* y un estúpido empezó a decir: «Oh, ya sabemos, los deportados, cómo volvieron...». En fin. Así que le replico: «Pues ya que empieza, diga lo que piensa. ¿Cómo volvimos? ¿A quién matamos para poder volver? ¡Dígalo, no tenga miedo!». Él contesta: «Efectivamente, cabría hacerse esa pregunta». Y yo le respondo: «Ay, señor, es usted un poco idiota». Este intercambio se cortó, por desgracia. Lo lamenté mucho.

---

* Programa «Culture et Dépendances» («Cultura y Dependencias»), presentado por Franz-Olivier Giesbert, en la cadena France 3, el 12 de enero de 2005.

Los supervivientes nos vemos a menudo, no seleccionamos a quiénes vemos y a quiénes no. Si algunos hubieran sido la clase de cabrones que se cuenta que fueron, no nos veríamos con ellos. Lo que se dice no es cierto. No fuimos unos santos, es decir, cuando uno tenía su trozo de pan, no lo compartía. Sí, teníamos todos lo mismo, pero si alguien estaba enfermo hacíamos lo que fuera para ayudarlo. O si el trabajo era demasiado duro, también intentábamos aliviar al otro. No habría amistad entre nosotros en las diferentes Asociaciones de Amigos* u otras agrupaciones de no haber sido así. Hicimos todo lo que pudimos los unos por los otros, estoy convencida. Muchísimo. Pero, por ejemplo, cuando emprendimos la «marcha de la muerte» al abandonar Auschwitz, o más bien Birkenau, y tuvimos que recorrer 70-75 kilómetros arrastrándonos por las carreteras, yo veía que mamá estaba... en aquel momento ya, muy enferma, le costaba caminar, y si alguien se agarraba a ella, yo le decía: «Si puedes andar, anda, pero no arrastres a mamá en tu caída». *(Hace una pausa).*

---

* Alusión a la Amicale des déportés d'Auschwitz et de Haute-Silésie («Asociación de Amigos de los Deportados de Auschwitz y de la Alta Silesia»), creada en junio de 1945, y a la Fédération nationale des déportés et internés résistants et patriotes («Federación Nacional de Deportados e Internados Resistentes y Patriotas», FNDIRP), creada en octubre de 1945. En 2004, la Union des déportés d'Auschwitz («Unión de Deportados de Auschwitz») reagrupará en torno a la antigua Amicale d'Auschwitz («Asociación de Amigos de Auschwitz») otras asociaciones como la Amicale des anciens déportés juifs de France («Asociación de Antiguos Deportados Judíos de Francia»), y la Association nationale d'anciens déportés juifs de France («Asociación Nacional de Antiguos Deportados Judíos de Francia»).

La dignidad

Algunas historias sobre madres e hijas son terribles... Bueno, historias que oíamos: una madre que se reunió con su hija cuando esta fue detenida, o al revés. En cualquier caso, sé que la que fue a juntarse con la primera está muerta y la otra no. Pero no había muchas madres. Había muy pocas. Dada la edad mínima a la que te admitían en el campo y la edad máxima, era una franja demasiado pequeña para que ambas cumplieran el requisito. En el caso de mamá, fue una especie de milagro; si la hubieran desnudado, no la habrían admitido, porque se había operado de la vesícula un año o dos antes y nunca cicatrizó bien, así que, si hubiéramos pasado una selección en ese momento, jamás habría ingresado en el campo. Se mantenía erguida, era muy digna, muy guapa, y así fue como entró. Había bastantes mujeres de treinta, treinta y cinco años. La mayoría de las que tenían hijos no entraban, porque eran niños pequeños y se quedaban con ellos. Las que había, solían ser adolescentes o mujeres jóvenes cuyos padres, mayores, o hermanos no habían entrado en el campo.

La verdadera cuestión es la dignidad, porque en el campo reinaba esa voluntad de humillación. Es la sensación que tuvimos todos, creo. Teníamos hambre, teníamos sed, teníamos frío, un frío horrible, teníamos sueño. La falta de sueño me parece algo terrible, porque en los últimos días antes de la liberación de Bergen-Belsen, cuando yo trabajaba en la cocina, íbamos a acostarnos y no dormíamos en toda la noche. La privación del sueño es horrible. Me quedaba dormida de pie, mientras caminaba. Pero es que la humillación era, además, algo deliberado, gratuito. Por ejemplo, cuando íbamos a empezar a comer, pensábamos que el SS le daría una patada a nuestro cuenco, y cuando eso sucedía, o no comíamos o recogíamos lo que había en el suelo... Era una humillación constante.

Mamá empezó muy pronto a encontrarse mal físicamente, pero siempre estaba muy erguida, conservó en todo momento una dignidad formidable, y nos incitaba a todos a hacer lo mismo. Por un lado, a mantenernos dignos y, por otro, a confiar en el futuro. Recuerdo especialmente la mañana del 18 de enero de 1945 —llevábamos varios días oyendo los cañonazos, e incluso podíamos ver el resplandor del frente ruso—, cuando nos encerraron y nos dijeron: «Hoy no hay trabajo. El taller está cerrado... Os quedáis aquí dentro». Pensamos: «Nos van a llevar a Birkenau-Auschwitz y nos van a gasear». Y mamá estaba allí, manteniendo una serenidad extraordinaria. Decía: «No, no, hemos aguantado hasta ahora», etcétera. Y así siempre. Siempre. En un momento dado, estábamos en los vagones, en Gleiwitz, y todos pensábamos lo mismo, que nos iban a matar allí mismo. Hubo un amago de selección, pero al final no se produjo. Entonces nos metieron a todos en los vagones. En el nuestro había unos gitanos que eran absolutamente espantosos. Espantosos. Había reyertas en los vagones. Y mamá siempre estaba, yo no diría que impasible, pero sí tratando de arreglar las cosas, con una dignidad tremenda e insuflando valor a todo el mundo. ¿Cómo podía, en el estado en que se encontraba, infundir valor? Cuando le daban la sopa que le correspondía y alguien intentaba quitársela, ella se lo habría permitido, pero yo, aquello, no podía soportarlo. No podía soportarlo. En esos casos me mostraba inflexible. Habría sido capaz de... la defendía. No es que ella no tuviera la capacidad o la fuerza para defenderse, es que no quería. *(Hace una pausa)*.

Madeleine, por su parte, no dejaba que se aprovecharan de ella, o procuraba que lo hicieran lo menos posible; quizá tenía más fuerza, pero también era menos agresiva, bueno... no era una cuestión de agresividad, pero mantenía más las formas que yo. Cuando nos reencontramos en Bergen-Belsen después de la Liberación, ya estábamos en los barracones de las SS; algunos prisioneros franceses se enteraron de que estábamos allí y nos llevaban cigarrillos. Entonces los intercambiábamos por algo que no fuera aquella bazofia horrible, bueno, no tan horrible, en realidad... rancho de soldados. Mi hermana estaba muy enferma, no podía comerse aquello, así que yo hacía trueques con los cigarrillos. Tuve una discusión, no recuerdo de qué se trataba, con una mujer francesa, a la que debí de responderle de forma grosera. Llevábamos liberadas unas tres semanas. Y mi hermana me dijo: «No puedo aceptar que le hables así a alguien que podría ser tu madre». Creo que, además, me dio una bofetada. Yo las defendía como... como una tigresa.

Es curioso, porque por un lado las defendía y por el otro... Lo recuerdo bien, estábamos en aquellos cuarteles de las SS y había un oficial de enlace encargado de preparar los dosieres, la documentación, de verificar que veníamos de Francia, ese tipo de cosas. Se quedó boquiabierto, lo recuerdo perfectamente, porque permanecí en lo alto de la escalera para dejarle pasar. Seguía conservando ese reflejo... Y eso a él le pareció extraordinario. Yo tenía la impresión de que se me había olvidado leer, me costó mucho ponerme a leer de nuevo; a veces, hay personas que me dicen que escribían, leían, que tomaban notas, pero yo, en el último periodo, no cogí ni un periódico, ni un libro. Y me decía a mí misma: «¿Seré capaz de volver a leer con facilidad?». Sin embargo, hay reflejos como ese... que perduran.

Demasiado guapa para morir aquí

Creo que los kapos fueron más importantes en el caso de los hombres que en el de las mujeres. A decir verdad, tengo la impresión de que quienes me vigilaban eran los oficiales de las SS, no las kapos, y en los bloques, las jefas de bloque. A menudo se trataba de judías polacas o eslovacas, a veces muy jóvenes, pero que llevaban allí mucho tiempo. Nosotras, las francesas, teníamos el problema de la lengua. Si solo hablábamos francés, era imposible trabajar en los despachos... No podíamos tener puestos de responsabilidad como las que eran de origen polaco o alemán. Y esa desventaja aumentaba en el caso de las griegas o las holandesas, porque hablaban unos idiomas que nadie más conocía y se encontraban muy perdidas.

Recuerdo a una tal Stenia,[*] una polaca no judía que me ayudó. Aún me pregunto por qué lo hizo. No sé por qué. No era una simple kapo, era la jefa del campo. Una deportada, creo, por prostituta o por presa común, responsable del campo, y estaba por encima de las kapos.

He comentado antes que tuve suerte de que no me hubieran rapado la cabeza. Además, pude quedarme un tiempo en

---

[*] Stanisława Starostka, la kapo polaca que encontró a Simone Jacob «demasiado guapa para morir».

Niza, ir a la playa y tomar el sol. Formaba parte de una familia que no vivía mal. La vida era materialmente más fácil que antes, recibíamos paquetes de los pueblos. Permanecí poco en el Excelsior, y apenas unos días en Drancy. Así que cuando llegué a Birkenau, estaba en muy buena forma física. Además, era morena, tenía la piel bronceada, tenía dieciséis, diecisiete años, y recuerdo algo muy desagradable, muy doloroso: aquellas muchachas tan estropeadas que tenían la piel llena de granos purulentos. Así que cuando de repente veían a una chica como yo, que parecía recién salida de la playa, se acercaban y me palpaban. No lo soportaban. Me señalaban con el dedo... Y para acabar de arreglar las cosas, como a las de casi todo mi convoy, no me raparon el pelo. Cuando salíamos del campo para las obras de excavación, lo hacíamos en grupos de cinco, y Stenia era la encargada de controlar las entradas y las salidas. Una vez me vio y me paró. Me dijo: «Eres demasiado guapa para morir aquí, quiero hacer algo por ti».

Había una joven judía polaca que era una de las últimas supervivientes del gueto de Varsovia, una arquitecta. Hablaba bastante bien francés y era muy culta, probablemente de familia burguesa. Un día, creo que era domingo, me oyó hablar y dijo: «¡Oh, una francesa! Me encantaría hablar con una francesa». Me invitó a entrar en su bloque y charlamos. Yo iba vestida como las que llegan a la cuarentena, con harapos, una especie de harapos espantosos que se nos escurrían todo el tiempo. Ella me dijo: «Escucha, intentaré encontrarte un vestido decente». Como era arquitecta, hacía cosas de utilidad, así que le daban más comida. En los campos se hacían muchos trueques. A cambio de una ración de pan, me compró dos o tres vestidos de mi talla. Mucho después,

Ginette,* una de nuestras amigas del campo, a quien sigo viendo a menudo, me dijo: «Solo una persona me dio algo: tú me diste un vestido, no puedes imaginar lo que supuso para mí, emocionalmente, tener un vestido decente». Me había olvidado por completo de que le regalé un vestido. No teníamos la misma complexión. Aquella ropa procedía de las maletas de los que llegaban; la clasificaban en el Canadá** unas chicas que ponían dos vestidos uno encima del otro y los introducían de contrabando en el campo.

Así que yo tenía buen aspecto físico, y además un vestido decente cuando Stenia me sacó de la fila y me dijo: «Quiero hacer algo por ti». Le contesté enseguida que estaba con mi madre y mi hermana. Yo había oído hablar de un pequeño campo llamado Bobrek, conocido como el sanatorio Bobrek por ser un lugar donde se podía vivir, o más bien sobrevivir. Cuando volví me di cuenta de que estaba muy cerca, a cuatro kilómetros; siempre había pensado que se encontraba más lejos, y es que había que dar un gran rodeo para llegar allí. Stenia me propuso ir a Bobrek, pero le contesté: «Si vamos, vamos las tres», y ella me dijo que de acuerdo. Esperé unos días, y luego nos convocaron a las tres para pasar una revisión médica delante de Mengele. Entonces pensé que había cometido una lo-

---

* Ginette Kolinka, de soltera Cherkasky (1925-), detenida el 19 de marzo de 1944 con su padre y su hermano pequeño en Aviñón (Vaucluse). Fueron deportados en el mismo convoy que Simone Jacob. Ginette fue trasladada a Bergen-Belsen y luego a Theresienstadt, de donde regresaría.

** Almacenes en donde los deportados clasificaban las pertenencias que llevaban los judíos para enviarlas a Alemania. Los deportados asignados a estos almacenes los llamaban «Canadá» porque allí podía encontrarse de todo, igual que en Canadá.

cura. Por supuesto, nos dijeron que nos desnudáramos para pasar la revisión, y Mengele* apartó a mi madre. Lo extraordinario es que Stenia realmente quería que nos fuéramos; se acercó a Mengele y probablemente le dijo que había adquirido ese compromiso. Creo que yo fui la única persona a la que ayudó... Así que nos marchamos las tres.

* Josef Mengele, miembro de las SS, se dedicó a realizar experimentos pseudocientíficos con numerosos deportados, en especial con niños, a los que trataba como si fueran ratas de laboratorio.

Bobrek

Debimos de llegar a Bobrek el 8 o el 9 de julio. Nos quedamos allí hasta el 18 de enero del 45. Seis meses es mucho tiempo... Ahí no se pasaba lista, el trabajo era duro, pero bastante menos. La comida no era mucho mejor, pero pasábamos menos hambre. Durante los primeros meses en Bobrek estuvimos excavando. No teníamos tanta vigilancia, era un campo pequeño, había treinta y cinco mujeres en total, creo, y doscientos cincuenta hombres, algo así. Las mujeres trabajaban en la fábrica; había un piso que era un poco como un desván, un espacio grande donde estábamos todas juntas. No nos pasaban lista, el oficial de las SS venía por la noche a hacer el recuento. Le divertía aparecer en el momento en que nos aseábamos...

Llegaron dos comunistas del bloque de experimentos que también eran francesas, de origen polaco. Enviaron allí a las dos mujeres gracias a la red comunista, porque el médico del bloque de experimentos les dijo que ya no podía mantenerlas alejadas de experimentos peligrosos para su salud y que lo más razonable era que se marcharan. Esas dos comunistas fueron unas amigas maravillosas, en especial de mamá; la mayor, sobre todo, la adoraba. Volvimos a vernos a menudo, ya en Francia.*

* Fanny Zelinsky y Tauba Glowinski.

La red comunista siempre les facilitaba un buen trabajo, dentro de lo que cabía. En Bergen-Belsen tiraban de una especie de carro cargado de colinabos y cosas por el estilo, lo cual les permitía tener un trabajo y comida; no les fue tan mal. Hablo de ellas, es curioso... Al final, los últimos días, cuando nos encontramos en Bergen-Belsen, en un momento dado... me dije que no saldría adelante. Había tantos deportados y prisioneros llegando de todas partes que por la noche a veces ni siquiera podíamos encontrar un lugar para sentarnos. Recuerdo que una noche no pude volver a mi bloque porque había habido bombardeos, y ellas me acostaron debajo de su cama. Eran muy buenas amigas entre sí, completamente solidarias, de verdad. Cuando una de ellas regresó, supo que habían fusilado a su marido por resistente comunista, y se reencontró con su hija. La otra tuvo la suerte de volver con su familia, sus dos hijos, tres incluso, creo, y su marido, que no había sido deportado. La mujer cuyo marido fue fusilado conoció en el campo a un camarada, como se llamaban entre sí, a un comunista, muy buena persona, cuya familia había sido exterminada; me enteré tarde, pero su mujer y sus cuatro hijos fueron gaseados en Auschwitz. Los dos se fueron a vivir juntos al salir del campo, se casaron poco tiempo después y tuvieron un hijo. Lo extraordinario es que él era artesano joyero en Drancy, donde tenía una casita. Así que se instalaron en Drancy después de la guerra, y yo iba a verlos muy a menudo.* Como su amiga —la que se había reencontrado con toda su familia— no tenía dónde alojarse, se fue a vivir con ellos, y vivían todos juntos en la casita de Drancy. Y mi amiga, que vivió hasta los noventa años, y a la que iba a visitar con frecuencia, se quedó a vivir en esos

---

* Rue de l'Harmonie n.º 22, en Drancy (Seine-Saint-Denis).

edificios modernos de Drancy. Esta historia es extraordinaria, esas tres familias distintas de deportados que luego se reencuentran en Drancy, tan cerca del campo... La que murió muy mayor tuvo unos hijos muy brillantes, médicos. Desde luego, de vez en cuando hay historias maravillosas como esta, historias de personas que, tras tantas desgracias, tantas dificultades, salen adelante. Y para nosotras, ellas fueron formidables... *(Hace una pausa).*

Hombres y mujeres

Así pues, en Bobrek nos dedicábamos a excavar, pero no nos atosigaban. No había kapos que vigilaran nuestro trabajo. El SS aparecía a veces, y otras veces no... pero diría que, de todos modos, había un problema en Bobrek... A los hombres no les gusta mucho hablar de ello. No sé si los que han testificado han sacado el tema a relucir. Creo que era el único campo, que yo sepa, donde hombres y mujeres pasaban mucho tiempo juntos. Y eso no hacía la vida más fácil.

El caso es que había algo así como doscientos cincuenta hombres... Cuando estábamos en Birkenau, en Auschwitz, y llevábamos la vida cotidiana del deportado de base, la distinción entre hombre y mujer no existía. Hubo algunas historias de amor, se hablaba de Mala,* que se evadió con un hombre... Pero para los demás era realmente... Mala trabajaba de intérprete, no la conocí pero oí hablar mucho de ella, sobre todo en el momento de su evasión, porque yo todavía estaba en el campo. La detuvieron más tarde, en el mes de julio, y para entonces yo ya estaba en Bobrek, pero enseguida nos enteramos de

* Mala Zimetbaum, nacida en 1918, deportada desde Bélgica el 15 de septiembre de 1942, se enamoró de un preso polaco. Ella intentó evadirse con él. Los detuvieron y los condenaron a morir ahorcados el 15 de septiembre de 1944.

que la habían arrestado. Todo lo que se ha dicho sobre ella, sobre su valentía, corresponde a lo que se oía en el campo. Contaban que era una persona verdaderamente excepcional, que ayudaba a la gente. Sobre todo a los belgas, ella era belga, bueno, aunque de origen polaco, y los franceses la conocieron menos. Tuvo muchísimo valor.

Sea como fuere, en Bobrek nos cruzábamos con muchos hombres. Entre ellos había algunos que eran muy libres, que iban a donde querían, que intentaban comprarnos por todos los medios. Y eso suponía una presión insoportable por momentos. Insoportable. Éramos muy pocas mujeres... Cuando excavábamos y estaba con mamá, las cosas iban bien, pero en cuanto nos quedábamos algo aisladas, solas... no hacían *eso*, no, no se habrían atrevido... Se trataba de una presión moral. Bueno, no sé si moral... Una presión, a secas...

Por ejemplo, había un deportado que gozaba de muchas facilidades, trabajaba en la cocina, así que quería darme comida, pero a cambio exigía que... La cocina de las SS se encontraba justo enfrente de nuestro bloque. Yo comía lo justo, lo que había en el campo no era bueno, tenía hambre, pero tampoco estaba muerta de hambre en ese momento. Mamá no podía comer nada. Yo le decía: «Voy a llevarle esto a mamá». Él decía: «¡Cómetelo aquí!», y yo repetía: «No, se lo llevo a mamá». Cada vez lo mismo. Esas cosas resultaban muy desagradables. Y en ocasiones lo eran aún más...

Pero luego, también estaban los que... Recuerdo, por ejemplo, a otro que nunca me pidió nada, que jamás hizo el menor gesto, nada. Pasamos ahí las Navidades. Él, no sé... Tenía uno de los primeros números, llevaba allí mucho tiempo, creo que era austriaco, nunca supe gran cosa sobre él. Y no sé cómo, por Navidad consiguió un perfume para mí. Pero nunca me pidió nada a cambio, nunca. También me dio un pijama nuevo. Debía de tener dinero. Cómo había conseguido ese dinero... no lo sé. ¡Perfume y un pijama! En el campo aquello era algo absolutamente...

En Bobrek yo no tenía ninguna posibilidad de robar. Si hubiera querido, le habría pedido algo al cocinero de las SS que conocía, le habría dicho: «Oye...». Pero ese era precisamente el que quería dármelo a mí, no a mamá. Hablé de ello con algunos amigos, con Paul Schaffer* en particular, porque me decía que era demasiado dura con él, y me dijo: «Nos ha ayudado mucho, se ha portado fenomenal con los jóvenes...». Quizá, en el fondo, su idea era ayudar a los jóvenes. Pero es cierto que al mismo tiempo... Después del campo intenté averiguar qué había sido del hombre que me regaló el perfume. Solo sabía su nombre, era muy amable, le caía bien a todo el mundo. No trabajaba, recibía cosas. ¿Cómo las recibía? No lo sé. Creo que la gente que fue deportada pronto, muy pronto, asumió responsabilidades, y hay quien piensa que los eliminaron, que sabían demasiado, que al final los mataron... Bueno, no sé, pudo morir en los últimos meses. Lo vi por última vez en Gleiwitz, debió de irse en uno de los trenes que salían de Gleiwitz hacia Berlín, o hacia Mauthausen, no tengo ni idea. Me hizo regalos, sencillamente. Nos saludábamos, sin más, eso es todo. *(Hace una pausa)*.

* Paul Schaffer (1924-2020), nacido y criado en Viena (Austria), refugiado en Francia, fue deportado en el convoy 28 a Auschwitz el 4 de septiembre de 1942. Asignado a la fábrica Siemens del campo de Bobrek, conoció a Simone Jacob. Entre ellos surgió una profunda amistad. Su testimonio fue grabado el 12 de julio de 2005.

En Gleiwitz también nos encontramos con muchos hombres, pero allí se daba otra forma de chantaje. Los hombres nos decían: «Hace diez años que no vemos a una mujer». Por supuesto, como siempre, eran los kapos, los jefes de bloque, la gente con responsabilidades. Solo estuvimos dos días, así que...

¿Historias de amor entre mujeres? No, en realidad no. Recuerdo muy bien que al principio, en la cuarentena, las chicas que trabajaban en el bloque nos decían: «Ven, ven, seguro que tienes hambre, te voy a dar un poco de pan con margarina y azúcar»; nosotras contestábamos: «Oh, no tengo hambre», y nos íbamos, pero la cosa tampoco pasaba de ahí. Querían una compañera, sin más... Seguramente había parejas, pero si era así lo disimulaban...

Durante mucho tiempo, llevé el pelo corto con raya a un lado.

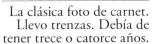

La clásica foto de carnet. Llevo trenzas. Debía de tener trece o catorce años.

En el Jardin d'Alsace-Lorraine, en Niza. Estamos los cuatro, con mamá, que lleva un sombrero a la moda de la época, calado hasta la frente.

Los cuatro en las calles de Niza.

En la calle, sin duda de vacaciones, con mis hermanas y mi hermano. Posamos en pijama.

Mi tía, mamá y nosotros cuatro.

Probablemente en La Ciotat, de vacaciones. Toda mi familia, con mi abuela materna, que pasó la guerra escondida y, en concreto, a partir de 1943, con una familia cuyos dos hijos fueron delineantes de mi padre arquitecto. Tras la Liberación, la hermana de mamá la acogió en su casa, en París.

En La Ciotat, con mi hermano y mis hermanas, además de un primo y una prima que pasaban siempre las vacaciones de verano con nosotros.

Mi clase de secundaria, a los quince o dieciséis años. Estoy sentada en primera fila, con unas trenzas muy largas.

Mi padre, tal como lo recuerdo, con anteojos o gafas —a menudo anteojos, que era lo que se llevaba entonces—, y siempre vestido de manera bastante clásica. Así era él hasta que llegó la guerra.

El taller de la fábrica Siemens, en Bobrek, a tres o cuatro kilómetros de Birkenau. Esta es la sección donde estaban los hombres, ajustadores en su mayoría. También había fresadores. Se fabricaban piezas de armamento. Yo trabajé una temporada en esa fábrica, pero fue poco tiempo. En ese campo realicé sobre todo labores de excavación.

Mi hermano, con quince o dieciséis años. Está un poco triste. Pienso que es una foto que se tomó él mismo. Quería ser fotógrafo.

Mi hermana Madeleine, a la que llamábamos Milou. Nunca la llamamos Madeleine. Era fácil convivir con ella, siempre estaba de buen humor. Era un elemento conciliador entre nosotros, la teníamos por la sabia de la familia.

Creo que fue mi hermano quien me hizo esta foto.

Gleiwitz

Tuvimos una primera esperanza en Bobrek. Como había deportados trabajando en las oficinas, y el espacio era muy pequeño, vivíamos mucho más en comunidad, podíamos hablar entre nosotros y reunirnos con más facilidad. Así que cuando Hitler sufrió el atentado* nos enteramos inmediatamente. Y teníamos grandes esperanzas de que hubiera muerto en el ataque. Por desgracia no fue así, y la alegría duró poco. Pero yo diría que desde mediados de agosto, principios de septiembre, vimos el comienzo de un gran repliegue del ejército alemán. La ofensiva rusa empezó muy pronto. Y nos dimos cuenta de que ocurrían cosas. Como el campo estaba justo al lado de la carretera entre Cracovia y Katowice, creo, veíamos pasar convoyes. Incluso recuerdo algunos camellos o dromedarios con mongoles. Vamos, que vimos de todo, y después, cada vez más gente al acercarse el invierno... Luego oímos el cañón y vimos el resplandor en el frente. A principios del mes de enero pensábamos, esperábamos, que la guerra acabaría muy rápido... No imaginábamos el fracaso de las Ardenas, ni que todo aquello resultaría tan largo. Dábamos la guerra por terminada en unas semanas, teníamos la sensación de que había una presión muy

* El 20 de julio de 1944.

fuerte y, sobre todo, sabíamos que se estaba produciendo un éxodo importante, un repliegue alemán. Pero al mismo tiempo teníamos miedo y nos preguntábamos: «¿Qué harán? ¿Tendrán tiempo de gasearnos a todos antes, de eliminarnos para que no quede ningún resto?».

Desde el momento en que nos dijeron que nos trasladaban a Auschwitz, nos preguntamos por qué... De hecho, nuestro grupo fue hasta Monowitz,* pero dimos media vuelta porque no íbamos en la dirección correcta. Cuando pasamos Auschwitz de largo, nos dijimos: «Bueno, no sabemos qué van a hacer con nosotros, pero, en todo caso, ahí ya no nos gasean». Podían fusilarnos, pero era más complicado. Y seguíamos caminando... Eso era por la noche, tarde. Salimos a las cinco de la tarde de Bobrek, cuando aún no había oscurecido. Así que fuimos hacia Monowitz, Auschwitz. Y luego en dirección a Gleiwitz, que estaba a unos 70-80 kilómetros. En total, debimos de andar unos 80 kilómetros con una sola parada de unas horas en una granja. De hecho, casi todo el mundo, en un momento u otro de la «marcha de la muerte», se detuvo allí.

Y llegamos a Gleiwitz. Había varios campos en Gleiwitz, y trajeron a gente de toda la región porque en la zona de Auschwitz había una cantidad enorme de campos, comandos de decenas de miles de personas. Así que éramos muchos. No distribuían nada. Las mujeres tuvimos algo de suerte porque al haber trabajado en la cocina de las SS nos dieron pan, sopa y agua. El resto no tenía absolutamente nada de comer ni de beber.

* Monowitz-Buna (Auschwitz III), campo de trabajos forzados donde cientos de miles de judíos pasaron desde semanas hasta años en condiciones espantosas. Muchos fueron enviados a Auschwitz II, donde fueron gaseados.

Y ahí tengo un último recuerdo de aquel *boche* que me trajo agua, un cubo entero de agua. No sé cómo lo hizo... Esa fue la última vez que lo vi. Nos quedamos dos días, creo, en Gleiwitz. Me parece que hubo selecciones, pero unas selecciones... pasábamos por delante de las SS sin saber siquiera que se trataba de una selección.*

Toda esa gente amontonada... Algunos habían sido deportados en 1939-1940, o incluso era probable que los hubieran detenido antes. Entre los presos políticos debía de haber antiguos comunistas, antiguos socialistas, en fin, los primeros alemanes de los años 1933-1934. De esos quedaban pocos, pero si habían aguantado todo ese tiempo, los alemanes los utilizaban en las oficinas, los necesitaban. Se ha dicho a menudo que muchos desaparecieron al final porque sabían demasiado y podían testificar.

Gleiwitz era igual que el Infierno de Dante. Había gente que pensaba que iba a morir. Y buscaba cualquier goce, del tipo que fuera. También los oficiales de las SS, de hecho. Porque en el fondo ellos también se sentían amenazados, ya que los rusos estaban muy cerca. Y para mí sigue siendo algo incomprensible. Ciertos historiadores han hablado de eso. Creo que es Philippe Burrin quien dice que, en un momento dado, para Hitler, la obsesión de matar judíos era más importante que la victoria.**
Es lo que sentí yo.

---

* También se hacían selecciones en el interior del campo. En particular, a la ida y a la vuelta de los comandos de trabajo. Las que desfallecían eran enviadas a la cámara de gas.

** Philippe Burrin, *Ressentiment et apocalypse. Essai sur l'anéantissement nazi*, París, Seuil, 2004. [Hay trad. cast.: *Resentimiento y apocalipsis. Ensayo sobre el antisemitismo nazi*, Buenos Aires, Katz, 2007].

¿Por qué nos evacuaron? Podían habernos dejado en Auschwitz. Estábamos hacinados; nos tenían que meter en trenes; no podíamos trabajar; de todas formas no servíamos para nada; la mitad murió en los trenes. Al menos la mitad, muertos en los trenes... En cada uno de estos convoyes, había mil, mil quinientas personas, en vagones de madera, en medio de la nieve, sin comida... Los últimos días nos llevaban de un campo a otro... Todo aquello no tenía sentido, ningún sentido. Solo querían dejar cadáveres tras de sí. Lo sentí especialmente en Gleiwitz. Porque estoy convencida de que no pudieron evacuar primero a los civiles alemanes —eran numerosos—, ni a los soldados ni a los oficiales de las SS, de manera que muchos de ellos se quedaron. Sin embargo, se enviaron trenes con moribundos. Por no hablar de lo que pasó al final de la guerra, en mayo de 1945, cuando la gente tuvo que hacer aquellas marchas... ¿Por qué todo aquello? *(Hace una pausa)*. Era obsesivo. ¿Por qué?

En cualquier caso, es un genocidio, mejor dicho, una modalidad de exterminio muy diferente. Creo que cuando se habla de genocidio, tanto en Camboya como en Ruanda, los contextos son muy distintos. En Camboya fue eliminada una clase social, sobre todo para que los Jemeres Rojos pudieran llevar a cabo su revolución en paz... En Ruanda fue el resultado de un largo conflicto, una rivalidad entre hutus y tutsis...

En este caso no creo que el contexto fuera en absoluto religioso, no es el clásico, el tradicional antisemitismo cristiano contra los que mataron a Cristo. Se perseguía a... seres nefastos, que no tienen derecho a vivir, ni siquiera a nacer; es más, ni siquiera a crecer. Digo «ni siquiera a crecer» porque cuando pienso en Auschwitz y Birkenau, en todo eso, lo verdaderamente espantoso es la muerte de los niños. Es insoportable. Es insoportable pensar en esos niños que fueron separados de sus madres, que llegaron allí así, siendo tan pequeños, o en brazos de una educadora, para acabar en la cámara de gas.* Es insoportable. Insoportable. *(Hace una pausa).*

Cuando se ven todas esas fotos de los niños... Hoy en día tenemos nuestras fotos en la cámara, todo el mundo las tiene, pero entonces la gente se hacía fotos para las celebraciones, así que los niños salían bien vestidos, con el pelo bien peinado, con una bonita sonrisa... En el museo de Malines,** en Bélgica, es terrible, encontraron fotos de familias y se pueden ver las desapariciones a medida que fueron sucediendo... Es insoportable. Cuando piensas en los niños, te preguntas a ti misma qué clase de odio hace falta para ser capaz de matar a... para ir a buscar a un bebé...

Con motivo de la conmemoración del 60.º aniversario, en una sola semana viajé a Holanda y a Grecia, a Ámsterdam y a Atenas. Y piensas, tanto en un país como en el otro, cómo fueron a buscar a la gente, en condiciones espantosas, para que realmente nadie sobreviviera. En Grecia resulta aún más sorprendente. Cuentan que a veces un barco hacía escala en una isla para coger a una persona, o a dos. Es una locura. Y como además estaban muy aislados en los campos, casi todo el mundo murió. Ya no hay judíos en esos países.

* Probablemente alude a los cuarenta y cuatro niños de la colonia de Izieu (Ain), detenidos en una redada con sus siete educadores por orden de Klaus Barbie. Todos fueron deportados en seis convoyes diferentes entre abril y junio de 1944, de los cuales treinta y cuatro niños y cuatro educadores viajaron en el mismo convoy que Simone Jacob. Fueron todos gaseados, salvo Léa Feldblum, una educadora, seleccionada para «experimentos médicos».

** Campo de reagrupamiento de judíos a medio camino entre Bruselas y Amberes, desde donde fueron deportados a Auschwitz-Birkenau 26.053 judíos.

La evacuación

Así pues, nos evacuaron a Gleiwitz. Nos subieron a unos trenes que eran completamente abiertos, simples plataformas de madera, mientras que otros iban en vagones de carbón un poco más altos. Éramos todas mujeres y estábamos tan apretadas que teníamos que pelearnos por ocupar un sitio, ni siquiera podíamos sentarnos. Algunas intentaban arrojarnos por encima de las barandillas solo para hacerse un hueco. Mi hermana tenía marcas de arañazos; algunas de las deportadas la habían arañado en el vagón cuando trataron de tirarla.

Lo extraordinario fue que atravesamos Checoslovaquia muy deprisa, por los suburbios de Praga, y como íbamos en esos vagones descubiertos y no pasábamos muy lejos de las casas, los checos, que debían de haber visto pasar ya varios trenes, nos lanzaban pan, lo que podían. Así que recogimos bastantes cosas. Luego, cuando nos deteníamos en una estación, nos traían cubos de agua. Y el mismo día que pasamos la frontera, se acabó. Vimos el momento exacto en que cruzamos la frontera. A continuación, atravesamos Austria y llegamos a Mauthausen.* No había sitio, así que estuvimos apenas unas horas antes

---

* Mauthausen rechazó acoger a los deportados por falta de espacio. Durante ocho días, el tren de los deportados deambuló en las

de reanudar la marcha hacia el norte, siempre en el mismo convoy. Hasta que el tren se paró en Dora.

Cuando llegamos a Dora, la mitad de la gente había muerto.* Mujeres, ninguna. Ni una sola mujer, creo. Éramos muy pocas. Estaba nuestro grupo de Bobrek, y luego un grupo de mujeres gitanas. Nos ubicaron en un pequeño barracón a la entrada del campo. De hecho, una vez recibí una carta de unas personas que me escribieron y en ella decían: «Hemos visto que ha estado usted en Dora, en el único convoy de mujeres que se detuvo allí». Éramos, no sé, quizá sesenta en total, puede que alguna más.

Así pues, nos ubicaron en el exterior del campo. Una gitana dio a luz durante la noche. El bebé murió enseguida, creo que lo mató ella misma, o puede que sus amigas. Pero ella sobrevivió después de dar a luz en aquellas condiciones. Entonces unos franceses que estaban en Dora se enteraron de que habían llegado unas francesas y vinieron a traernos comida. Las SS los sorprendieron, creo que se llevaron un par bofetadas... Y luego, al cabo de dos o tres días, partimos de nuevo hacia Bergen-Belsen, no nos quedamos en Dora, pero nuestro paso está registrado en los archivos del campo.

---

peores condiciones posibles —a 30 grados bajo cero— por Austria y Checoslovaquia.

* Simone, su hermana y su madre, muertas de frío y agotadas, llegaron el 28 de enero de 1945 al campo de Dora-Mittlebau, uno de los campos de concentración y exterminio más sanguinarios del Tercer Reich. De agosto de 1943 a abril de 1945, casi 9.000 deportados de Francia cavaron túneles para instalar un polígono industrial y ensamblar las piezas de los cohetes V2 que debían destruir Inglaterra desde el Pas-de-Calais. Más de la mitad de ellos murieron en el infierno del campo.

Ninguno de los hombres que estaban con nosotras en Bobrek viajaba en ese tren. Así que no me enteré de qué hicieron con los que llegaron a Dora. Muchos de los hombres que se encontraban con nosotras fueron a Berlín para limpiar la ciudad tras los bombardeos, entre otras tareas. Bobrek quedó tal cual, no fue destruido. Era una fábrica vieja y totalmente destartalada por fuera. Cuando volví allí, la última vez que estuve en Auschwitz, o la vez anterior, el exterior estaba más o menos igual. Sigue siendo una fábrica, y por fuera está igual de destartalada. Sin embargo, recordaba el terreno más extenso, y cuando volví a verlo me dio la impresión de que era mucho más pequeño. Puede que hayan ensanchado la carretera. No sé. Pero la puerta de entrada está casi idéntica. No ha cambiado prácticamente nada. Lo divertido —por llamarlo de alguna manera— es que en la oficina de los capataces —de la fábrica, hoy en día— hay un retrato de un rabino, creo, seguramente un cuadro robado en casa de algún vecino, no sé. No es una fábrica bonita, el edificio sigue siendo el mismo. No pedí visitar nuestro barracón, no permanecí mucho tiempo. En fin, me pareció todo bastante curioso. Hay que decir que esa zona ha vuelto a pertenecer a Polonia, y también por eso ha tardado en rehacerse.

Solo nos quedamos dos días, y a continuación nos dirigimos a Bergen-Belsen, esta vez en vagones cerrados, vagones para ganado donde no estábamos amontonadas porque éramos pocas. Y llegamos el 30 o el 31 de enero,[*] tras haber partido el 18 de enero.

---

[*] Bergen-Belsen era un campo de concentración nazi situado en la Baja Sajonia, cerca de Hannover, en Alemania.

Bergen-Belsen

Cuando llegamos a Bergen-Belsen, no había demasiada gente; algunas mujeres francesas acababan de llegar de Auschwitz, otras habían salido de Birkenau en octubre, entre ellas mi cuñada,* por ejemplo, que pasó por Bergen-Belsen, pero yo aún no la conocía. Había sobre todo mujeres húngaras, pero no únicamente; algunas de ellas se marcharon. Pero fue especialmente a partir de ese momento cuando se produjeron las grandes evacuaciones a Bergen-Belsen. Hubo un gran número de llegadas de todas las regiones, puesto que Alemania, poco a poco, iba estrechándose. Todo el mundo fue desviado hacia esa región, que parecía bastante alejada de todo. La gente moría de hambre, de sed y, también, de tifus. No había cámaras de gas —bueno, tal vez una muy pequeña, en algunos casos...—. Pero el número de muertos en las últimas semanas fue espantoso. Lo peor fue el tifus, aunque también el hambre. Creo... Me han contado, y tengo muchas razones

---

* Marie-Hélène Veil, nacida el 17 de junio de 1922 en Blamont (Meurthe-et-Moselle), fue detenida en Grenoble y deportada en el convoy 69 el 10 de marzo de 1944. El 31 de octubre de 1944 fue trasladada en tren al campo de Bergen-Belsen (Alemania) y después a Theresienstadt (República Checa), desde donde fue repatriada con sus compañeros en avión vía Falkenau (Alemania).

para creer que es verdad, que hubo canibalismo en Bergen-Belsen.

No trabajábamos en el campo, no mantenían ocupada a la gente. Por casualidad, volví a encontrarme con Stenia. Era la jefa del campo, con las mismas funciones que en Auschwitz. Seguía siendo una mujer atractiva, con mucho estilo. Me encontré con ella porque, como no trabajábamos, deambulábamos un poco. Me reconoció enseguida y me asignó una de las pocas actividades que había en Bergen-Belsen: la cocina de las SS. Obviamente, fue un gran privilegio, una gran oportunidad.

Estaban las que trabajaban en la cocina de las SS y las que lo hacían en la cocina ordinaria, y era fácil comunicarse con ellas. Así que el sistema era el siguiente: les llevábamos sopa, sopa que no comíamos porque teníamos otra cosa y, a cambio, nos daban cosas, porque a ellas no las registraban, al contrario que a nosotras, que estábamos más vigiladas. Solo después de la Liberación me explicaron cómo había que hacer para robar. Solíamos robar a las SS, así que no teníamos muchos escrúpulos. También aprendí los precios, lo que valían las cosas. Algunos robaban para alimentarse o para los amigos, y otros para vender. También hubo siempre de eso.

Yo hacía un trabajo que parecía muy relajante y sin mucha dificultad, pero que resultó ser terrible, sobre todo porque casi me echan en varias ocasiones. Ni siquiera a los alemanes les quedaba nada, ni harina ni nada. Pero tenían patatas. Así que había barriles de patatas que teníamos que rallar con grandes ralladores, y yo veía que ponía más sangre en el barril que patatas ralladas. Me dejaba literalmente la piel al rallar, porque no podía ir lo bastante rápido. Teníamos que llenar un barril al día, algo imposible. Así que metía un poco de agua a escondidas —de todos modos, las patatas desprenden mucha agua...—, pero, a pesar de todo, seguía sin poder llenarlo. Y por la noche casi no dormíamos porque había alertas muy a menudo cuando volvíamos, ya tarde, al campo.

En la cocina de las SS se hervía leche. Así que yo la robaba —y eso que no me gustaba la leche, y sigue sin gustarme—, robaba dos o tres vasos. Si faltaba algo de leche, nadie se daba cuenta, no corría ningún riesgo: las grandes cubas de leche estaban justo al lado de donde se colocaban los ralladores de patatas. Así que me levantaba e iba a beber un vaso de leche. Era incapaz de comer nada, debía de pesar, en el momento de la Liberación, unos treinta, treinta y cinco kilos.

Una vez me pillaron con azúcar que había robado para mamá. Tuve que arrastrarme por el suelo —no sé cuánto tiempo—, pero me dejaron el azúcar. Estaba encantada. No sé si se olvidaron de quitármelo o pensaron que ya había pagado con creces y me lo dejaron.

Debí de pasar el tifus sin siquiera darme cuenta. Creo que las enfermedades que he tenido en mi vida nunca me han afectado mucho, como la escarlatina de la que hablaba antes. Nunca me pongo mala, no cojo la gripe ni nada. Y allí tuve tifus, eso fue lo que me dijo el médico mucho después, al hacerme las pruebas, cuando volví. Mi hermana estuvo muy grave, y mamá murió de tifus.*

El tifus se propaga a través de los piojos. Había tantos piojos en nuestra ropa que no podíamos deshacernos de ellos. Probábamos cualquier cosa. Recuerdo que una vez vi un jersey de lejos y me dije: «Mira, es de angora, el que tengo es feo, voy a

---

* Yvonne Jacob murió el 15 de marzo de 1945. Tenía cuarenta y cuatro años.

cambiarlo por ese otro». Pero eran las liendres las que daban la impresión de que había angora en el borde del jersey. Es una locura, había tantos que daba miedo.

Lo que más me gustó al llegar al Lutetia, aunque ya lo habíamos probado un poco en Bergen-Belsen, fue el DDT. Antes no lo conocíamos, era un producto nuevo. ¡Qué maravilla, librarnos de los piojos! Nos estaban devorando. Era aterrador. No podíamos hacer nada. Es más, no había forma de lavarse, no había agua. La única agua que quedaba estaba en dos o tres sitios, en estanques que se habían convertido en ciénagas donde se tiraba cualquier cosa. Teníamos tanta sed, y había tan poca agua en el campo, que los estanques estaban rodeados de alambradas. Y a los que pasaban por debajo de la alambrada acababan matándolos, solo por ir a buscar un poco de agua a aquellas albercas insalubres. Y es que cuando se está enfermo, se tiene mucha más sed.

Aquello no duró demasiado, pero fue un periodo terrible. Terrible, porque realmente los cadáveres... Vimos todas aquellas películas,* los testimonios sobre Bergen-Belsen... Eran esqueletos, los cadáveres. Lo cierto es que no quedaba nada, no sé cuánto debían de pesar al final. Y luego la gente padecía una disentería terrible, no les daba tiempo a salir para evacuar. Fue horrible, realmente espantoso. No había un solo lugar donde alojarse; incluso en los baños, la gente se había instalado debajo de los lavabos. Era una locura.

Sabíamos que venían los británicos —de hecho, lo habían confirmado hacía poco. Leí un libro de un inglés que explica-

---

* Al llegar, los operadores británicos filman un campo abandonado por las SS. La escena en la que cientos de cadáveres son arrastrados por un buldócer conducido por un soldado británico estremecería al mundo entero.

ba que el acuerdo entre británicos y alemanes se alcanzó en los días previos—. Poco antes, se podía ver a las SS con brazaletes blancos; de hecho, estoy convencida de que seguramente muchos hombres de las SS también murieron de tifus. Cuando llegaron los ingleses, fue terrible. No daban crédito a lo que veían. Los propios ingleses se sintieron tan superados y horripilados al descubrir aquello que hubo un general inglés que dimitió, aunque poco después solicitó volver al frente, porque la guerra no había terminado. Dijo que no tenía medios, que no podía hacer nada, que no podía soportar aquello...

El retorno

Nos liberaron el 17 de abril, si mis recuerdos son exactos —el 15 o el 17, nunca lo sé con exactitud—, y llegamos el 23 de mayo, así que salimos de allí el 18 de mayo. En otras palabras, no tenían ninguna prisa por llevarnos a casa. De hecho, no nos cuidaron en absoluto. No teníamos una dieta adecuada. Mi hermana pudo comer más o menos bien gracias a los soldados franceses. Eran oficiales judíos que estaban en Lübeck y que, sabiendo que allí había mujeres judías, acudieron a ayudar; los otros soldados pasaban de largo. Pero los soldados franceses del *stalag* de al lado vinieron a vernos varias veces. Esos soldados, que habían estado en cautiverio durante cuatro o cinco años, fueron maravillosos con nosotras. Pero no sé qué hacían las autoridades francesas. Los franceses sabían que había bastantes compatriotas allí, porque había un oficial de enlace para ocuparse de la documentación, pero eso era todo. También había un médico joven que quería quedarse a toda costa para atendernos, pero no lo dejaron. Tuvo que marcharse a toda prisa. Ellos volvieron en avión. Antes, el médico nos dio cigarrillos —no nos apetecía nada fumar, pero los cigarrillos me permitieron hacer algunas compras—. No se nos permitía salir bajo ningún concepto; estábamos en los barracones de las SS húngaras, adonde nos habían trasladado. Encerradas a cal y canto.

Yo pasaba por debajo de la alambrada para ir a las granjas, donde hacía trueques con los cigarrillos. Así traía patatas y leche para mi hermana, para que pudiera comer, porque sin eso... Solo había raciones del ejército.

Finalmente abandonamos el lugar. No vimos bien lo que pasaba. No se ocupaban mucho de nosotros. Los británicos seguían en guerra, así que hicieron lo que pudieron. Los prisioneros de guerra regresaron muy rápido, en avión, pero nosotros volvimos en camiones. Viajamos durante cinco días en un camión, hacinados, más o menos de pie y mal instalados o sentados en la parte trasera. Yo negociaba en cada etapa para que mi hermana viajara junto al conductor. De no haber sido así, las condiciones del viaje habrían sido espantosas. Y la última etapa fue en tren. Mi hermana viajó en el vagón sanitario hasta París. Cruzamos la frontera con Holanda por Valenciennes, y llegamos a París. Aquellos días en el camión fueron tremendos. Cuando volvimos, los judíos no estaban organizados. Los comunistas sí lo estaban, a través de la rue Leroux, sede del FNDIRP.* Era eso o nada. Así que algunos iban a la rue Leroux; yo fui una vez, había que sacarse el carnet del Partido, me dije que nunca volvería, y así fue —al igual que mi hermana—. Teníamos la suerte de poder contar con mi tío y mi tía, que habían vuelto a París. Pero ellos estaban lidiando con la tragedia del reciente asesinato de su hijo, sucedido apenas unas semanas antes...

Cuando íbamos a la FNDIRP, a la Federación Nacional de los Deportados Resistentes, en la rue de Boulainvilliers, donde

---

* La Fédération nationale des déportés et internés résistants et patriotes («Federación Nacional de Deportados e Internados Resistentes y Patriotas») se encontraba en el n.º 10 de la rue Leroux, en el distrito XVI.

había un dispensario, incluso varios años después, para pasar unas pruebas con las que elaborar un dosier médico, nos echaban, prácticamente nos llamaban sucias judías, diciéndonos: «No, aquí es la Resistencia». Si me presentaba con el brazo descubierto —ya he perdido la costumbre de hacerlo— me decían: «¡Ah, creíamos que estaban todos muertos, mira por dónde, hay algunos que han sobrevivido!». *(Hace una pausa).* Bueno, no lo decía todo el mundo, pero sí se podía oír. Así que, de una vez por todas, durante mucho tiempo preferí... Ahora, como soy morena, mi número apenas se nota, pero la verdad es que me da igual.

A nuestro regreso, Madeleine estaba muy enferma, incluso más de lo que pensaba. Le había dicho que no se afeitara el pelo, pero acabó haciéndolo, y tenía unas costras terribles en la cabeza. ¿Eran los piojos los que le habían devorado la piel? No sé, le dije: «Escucha, seguro que nos van a liberar, nos van a liberar». Recuerdo que, durante los últimos quince días, no dejé de repetirle: «No te afeites el pelo, te arrepentirás». Pero ella no pudo aguantar y acabó afeitándose la cabeza. Estaba muy muy flaca. Mis tíos, que eran médicos, eran reacios a ingresarla en el hospital. Al final, la cuidaron en casa y la sanaron bien. Fue largo, porque cuando me marché a Suiza, en agosto,* seguía bastante enferma. Pero ya no corría peligro.

---

* El 17 de agosto de 1945, Simone Jacob partió convaleciente a una casa en Nyon, a orillas del lago Lemán, donde permaneció durante dos semanas gracias a Denise, su hermana mayor, que era miembro de la ADIR, la Association des déportées et internées de la Résistance («Asociación de Deportadas e Internadas de la Resistencia»), creada por Geneviève de Gaulle y Germaine Tillon a su vuelta de Ravensbrück para ayudar a las antiguas deportadas.

Supimos por gente de un convoy posterior al nuestro que, tras nuestra detención, papá también había sido arrestado. Nos dijimos que encontraríamos a mi hermana Denise, que no habría sido deportada, pero sí lo fue, poco antes de la Liberación. Creo que la única vez que realmente rompí a llorar —porque no teníamos ni ganas de llorar— fue el último día del camión. Estábamos en la frontera, cerca de un centro de clasificación muy grande, donde confluían a la vez presos, deportados, gente que llegaba de todas partes, y de donde salían los trenes para Holanda. Una especie de camino de tierra conducía hasta el tren, y el centro de enlace estaba instalado —bastante bien, he de decir— a unos 200-300 metros de la vía férrea. Allí vi a alguien que había conocido antes, en Birkenau, que me dijo: «Ah, vi a tu hermana Denise en Ravensbrück». Se dio cuenta de que yo no tenía ni idea de que mi hermana había sido deportada. Entonces me dijo: «No, me he equivocado, la confundí con otra persona. Era otra, etcétera». Y no pude sacarle nada más. Pero dijo lo suficiente como para convencerme de que se trataba de mi hermana. En aquella época se hablaba mucho de que todos los de Ravensbrück habían sido exterminados... Bueno, ya no sabíamos nada, de un campo a otro, en los últimos días; es cierto que mucha gente murió en las carreteras, o fue fusilada o...

Así que me reuní con mi otra hermana, que ya estaba en el vagón sanitario. Ella me vio la cara y no entendió mi expresión, así que me preguntó: «¿Por qué estás así?». Y yo le dije: «Mira, no puedo ocultártelo, creo que también deportaron a Denise. Estaba en Ravensbrück». Entonces ella intentó calmarme, pero hasta que llegamos al Lutetia estuvimos muy preocupadas... Por suerte, la liberaron muy pronto. Estuvo en Mauthausen y volvió por Suiza, antes que nosotras. Al menos nos libramos de esa angustia...

Esperamos el regreso de mi hermano durante largo tiempo. Lo que complicaba mucho las cosas era que sabíamos que él y mi padre habían ido a los países bálticos, pero no exactamente adónde. En cualquier caso, sabíamos que no se habían quedado en Francia, que no habían estado en Auschwitz, y se hablaba de los países bálticos. Una cosa es segura: fueron deportados juntos, porque hemos encontrado sus fichas de salida.* Pero ni siquiera conocemos los nombres de los que fueron a Kaunas, Fort Neuf o Tallin, en Estonia, donde algunos trabajaron en un aeropuerto. De los 850 o 900 deportados, creo que solo regresaron unos veinte, que no disponen de mucha información. Hoy en día, el padre Desbois trabaja en las fosas de esa región, y piensa que tal vez la razón por la que llevaron allí a aquellos franceses fue para que localizaran las fosas de la gente que habían asesinado y enterrado, y luego destruirlo todo, a ellos incluidos... No se sabe nada. Fort Neuf se menciona en *El libro negro* de Iliá Ehrenburg, pero tampoco dice nada al respecto. Nadie sabe nada. Estuve allí una vez, pero... *(Hace una pausa).*

---

* Los deportaron en el convoy 73 el 15 de mayo de 1944.

¿Aún os quedan ganas de bailar?

Cuando regresamos tuvimos muchas dificultades para salir adelante, y durante mucho tiempo... En primer lugar, nos sentíamos completamente fuera de lugar, incluso torpes. Además, yo nunca había vivido en París. Me había quedado en la secundaria, aún no era universitaria, y estaba acostumbrada a un ambiente provinciano. De repente, me vi proyectada... En cualquier caso, supe enseguida que había aprobado el examen de acceso a la Universidad. Siempre había dicho: «No volveré a presentarme a ese examen, así que, si no apruebo, no seguiré estudiando». Pero al mismo tiempo quería hacer una carrera, porque mamá nos educó en la idea de que las mujeres debían tener un trabajo, un trabajo de verdad, y eso era muy importante para mí. Además, siempre quise estudiar Derecho, quería ser abogada. Así que, en septiembre, decidí matricularme en Derecho. Pero durante junio-julio me encuentro bastante perdida. Quedo a menudo con mi hermana Denise, me veo con mis hermanas. No conozco prácticamente a nadie en París, salvo a algunos compañeros —no muchos, porque no han vuelto, o no sé dónde están, todavía no tengo su dirección—. Voy a ver a mis amigas de Drancy varias veces, de eso estoy segura, pero no puedo decir qué hago exactamente en ese momento, creo que no gran cosa.

Más adelante me proponen ir a Suiza, a vivir en unas casas pagadas en parte por las conferencias de Geneviève Anthonioz de Gaulle y por una organización benéfica suiza. Me siento aún más desplazada que en Francia. En Francia, la casa de mis tíos era horriblemente triste, por muchas razones. En primer lugar, no había nada dentro porque los alemanes lo habían roto todo, hasta los espejos. Yo me lavaba en un aseo que solo tenía un pequeño espejo. Como no pudieron quitarlo, le dispararon. No había muebles, no había nada. Era una casa en la que mi tía se esforzó mucho. Hacía un año que habían vuelto de Suiza y ella hacía lo que podía.* Mi abuela, a la que siempre llevaron con ellos, no se lo ponía fácil. Éramos muchos en aquella casa, que no era muy grande. Yo ayudaba un poco a mi tía, aunque no sé muy bien en qué.

Mi prima y yo siempre fuimos buenas amigas. Entretanto ella se casó y tuvo un bebé, una niña... Mi abuela no se ocupaba en absoluto de nosotras. Creo que no se daba cuenta. En cambio, le tenía mucho cariño al marido de mi prima, a quien conoció en Suiza. Yo me llevaba muy bien con mi tía, que vivió hasta una edad muy avanzada y a la que me mantuve muy unida durante mucho tiempo. Hablaba mucho con mi tía de lo que me había sucedido. He de decir que mis tíos fueron muy generosos. No nos quedaba nada. Realmente nada. No recuperamos nada. Mi hermana dijo de mis padres: «No sé cómo habrían vivido tres meses más». No les quedaba nada de dinero, lo gastaron todo, así que no teníamos nada.

Me matriculé en Ciencias Políticas y en la Facultad de Derecho, pero antes me fui a Suiza.

---

* Estaban de luto por su hijo, André, fallecido en abril de 1945.

Lo de Suiza fue horrible, de verdad. Era un país a la vez moralizador y cínico. Cínico porque lo que les contábamos no les bastaba. Tenían que encontrar cosas aún más terribles que las que nos habían pasado a nosotros. ¿Es cierto que los oficiales de las SS hacían que los perros preñaran a las mujeres? En fin, ese tipo de cosas horribles. ¿Es verdad que la violaron a usted? ¿Cuántas veces? No era verdad. Si se hubieran enterado de algo en serio, se habrían dado cuenta de que no era verdad. Fuimos a aquella casa en Suiza para descansar, pero venían a vernos. Éramos como animales de feria. Así, en una o dos ocasiones la caridad consistió en llevarnos a visitar Lausana, ya que Nyon estaba entre Ginebra y Lausana. Y nos enseñaron Lausana. Una buena mujer me llevó a los comercios que ella frecuentaba, porque resultaba *chic* pasear con una antigua deportada para que la gente le hiciera preguntas. «Ah, ¿no sabe usted por todo lo que ha pasado?», etcétera. Aquello era imposible de saber. Había una mujer que estaba con nosotras, una antigua deportada llamada Odette Moreau. Había sido abogada de Gabriel Péri, pero la deportaron y no pudo volver a Francia porque estaba muy enferma. Recuerdo una historia... Los bolsos rojos estaban de moda aquel año. Todas las mujeres querían bolsos rojos. A mí me daba igual. Odette Moreau era mayor que yo, disfrutaba de una buena situación como abogada antes de que la deportaran. Y le dijo a una de nosotras —no recuerdo a quién—: «No puedo ir a Lausana, estoy enferma. Si pudiera traerme uno...»; y una suiza tuvo el arrojo de replicarle: «¡Pero si usted ya tiene un bolso!».

En aquella casa estábamos para descansar. Éramos unas quince o veinte; había mujeres resistentes, comunistas, judías, un poco de todo. Lo primero que debíamos hacer era entonar las gracias o los benedícites protestantes, lo cual me parecía totalmente inapropiado. Al cabo de un tiempo, nos dijeron: «Ahora ya habéis descansado —no nos quedábamos mucho tiempo, un mes, yo ni siquiera estuve el mes entero—, así que no vais a permanecer ahí sentadas de brazos cruzados. Vais a trabajar. Todas sois mujeres que lucharon en la Resistencia». Si le dijera a usted los nombres de las personas que estaban allí... era increíble, todas aquellas mujeres que gozaban de una situación muy buena, que habían ido allí a descansar. Así que tuvimos que aprender un oficio, mecanografía y no sé qué más. Todo aquello era completamente absurdo. Y por otro lado, cuando era la hora del descanso, nos decían: «Tenéis que descansar». Yo era la más joven. Habíamos oído que existía un sitio donde se bailaba, así que salimos. Les dijimos que íbamos a salir y volvimos a las diez y cuarto, la hora límite eran las diez. Nos riñeron muchísimo. Podrían habernos dicho simplemente que lo que habíamos hecho no era razonable. Pero nos dijeron: «¡Qué! ¡Cómo! Después de todo lo que habéis pasado, ¿aún os quedan ganas de bailar?». Fue algo increíble. Al cabo de tres semanas, dije: «Me voy». Y eso hice. Pero es verdad que en Francia no existe la misma mentalidad.

Estudiante en París

De modo que volví a Francia y me dije: «¿Qué voy a hacer?». Me informé sobre la carrera de Derecho. Había convocatorias especiales. Se podían cursar dos años de Derecho en uno. Era bastante completo y estaba bien organizado; tenía buenas clases. Al mismo tiempo, fui a matricularme en Ciencias Políticas porque me tentaba... De hecho, la Facultad de Ciencias Políticas acababa de transformarse en el Instituto de Estudios Políticos. Así que fui allí. Me recibieron muy bien, y me dijeron: «Para las mujeres, las jóvenes, hay un examen, y el examen ya se ha celebrado, fue en julio». Pero enseguida me precisaron que no podían imponer dicho examen porque no existía el equivalente para los varones. Lo cual ahora sería completamente ilegal. Entonces les pregunté por qué se hacía, y me dijeron: «Porque las mujeres se matriculan en Ciencias Políticas para casarse». Repliqué que ese no era mi caso. Y sin embargo... ¡sí que lo fue! Me eximieron, pues, del examen. Tuvieron una idea bastante buena, quizá porque habían tardado en constituirse como Instituto: crearon una clase especial en la que coincidimos personas con situaciones un poco particulares. En el fondo estaba muy bien, porque tuvimos de profesor a un agregado*

---

* Michel de Boissieu, miembro de la Resistencia, se casó, sin ocul-

que había sido un gran resistente, muy abierto; actualmente vive en un edificio contiguo al nuestro, y seguimos siendo muy amigos. Estaba bastante bien, porque todos habían recorrido caminos... un poco difíciles. Algunos eran antiguos presos, antiguos deportados —bueno, de antiguos deportados creo que solo estaba yo—, porque muchos no se quedaron en Francia...

Con todo, en Ciencias Políticas, yo era algo así como un objeto no identificado, con muchas ganas de estudiar. Si salía por la noche —lo cual hacía muy poco—, era porque me forzaba a salir, pero no por gusto; me sentía perdida en aquel entorno. Recuerdo una fiesta, un tiempo después, en casa de un compañero de clase de mi novio. Me había invitado y yo de repente me sentí tan perdida —vivía en el boulevard Suchet— que me escondí detrás de unas enormes cortinas para no tener que hablar con nadie. La vida me resultaba muy complicada.

---

tarlo, con Françoise Cahen, el mismo día de la promulgación del Estatuto de los Judíos.

En el fondo, me reencontré con mi familia

En aquella época no podría haberme casado con nadie que no fuera judío. Porque había demasiadas cosas que entender, que asumir. Más tarde sí, no fue en absoluto una cuestión de principios: no soy religiosa. Pero creo que, en el fondo, me reencontré con mi familia.

Él [Antoine] se fue de viaje con un compañero judío al que conocí a través de mi hermana, la luchadora de la Resistencia, porque era pariente de alguien que murió en la deportación. Es complicado de explicar, pero los vínculos eran bastante fuertes. Una mujer que murió ocho días antes de la Liberación en un bombardeo en Mauthausen, le había encargado a Denise que avisara a una persona. Siempre le decía: «Si vuelves, esta es la persona con quien tienes que contactar». Y por ellos me enteré de que esa persona tenía un sobrino* que también estudiaba Ciencias Políticas. Así fue como entré en contacto con él. Y me cuenta que el siguiente Martes de Carnaval se va a esquiar. Estaba con un amigo. Me dice: «Podríamos ir a esquiar». Acepto su propuesta. Era más allá de Grenoble.

---

* Michel Goldet, sobrino de Jacques Heilbronn, compañero de estudios de Simone Jacob en Ciencias Políticas.

La familia de mi marido vivía en Grenoble, pero eran de Lorena, de la región de Nancy, habían estado refugiados en Grenoble durante toda la guerra. Hasta ese momento vivían en el campo, en un pueblo lorenés, no muy lejos de la fábrica que habían montado sus antepasados a principios del siglo XIX.* Él me dijo: «Llegaremos por la noche, así que tendremos que dormir en casa de mis padres e ir a esquiar al día siguiente». Me pareció que estaba con mi propia familia. Era el mismo ambiente. Jugamos a juegos de mesa, a las cartas, todo muy sencillo. Me acogieron con mucho cariño. Tenían una vida mucho más cómoda que la de mis padres; eran industriales, poseían un gran negocio, una hilandería en Lorena, un negocio familiar. Más adelante, mi suegro regresó a Lorena sin pensárselo.

Volvimos de aquel viaje prácticamente prometidos. Todo fue muy deprisa. De hecho, tardamos muy poco en casarnos, al octubre siguiente. Tuvimos hijos enseguida. Y seguimos casados: dentro de unos meses hará sesenta años.** No está nada mal, ¿verdad?... *(Sonríe).*

Mis suegros resultaron ser lo que parecían.*** Vivían mejor que mi familia, pero les importaban las mismas cosas, compartían los mismos valores. Era un ambiente laico, quizá un

---

* Antoine Veil nació el 26 de agosto de 1926 en Blamont (Meurthe-et-Moselle), donde su familia poseía una fábrica textil, Établissements Bechmann. Refugiado en Grenoble, Antoine se alistó en el Ejército de Liberación y se matriculó en la carrera de Ciencias Políticas en otoño de 1945.

** Simone Jacob y Antoine Veil se casaron el 26 de octubre de 1946 en París. Jean nació en 1947, Claude-Nicolas en 1948 y Pierre-François en 1954.

*** André Veil (1886-1966) y Alice, de soltera Léon (1898-1985).

poco más religioso en su familia. Pero se ha perdido por completo en la generación actual. La abuela materna de mi marido aún vivía, era extraordinaria, yo la adoraba. Me mimaba mucho, tenía muchas nietas, pero yo me convertí en su preferida. Eran muy buena gente, la verdad. Me integré por completo en esa familia, incluso más que eso...

La música era muy importante para ellos. Mi suegro componía, y algunas de sus piezas se interpretaron en conciertos. Eran menos apasionados por la lectura que mi padre, pero les encantaba la música. Mi marido adora la música y sigue tocando el piano muy a menudo.

También me llevo muy bien con mis cuñadas, una de las cuales fue deportada. A decir verdad, toda la familia estaba en el Col de Porte, adonde fuimos a esquiar. Estaban escondidos allí, en casa de una gente. Debieron de denunciarlos. La Gestapo llegó un día para detener a toda la familia, en 1944, a principios del 44, creo. Solo estaba mi cuñada* con su hermana pequeña y tuvo la presencia de ánimo de hacer que la niña se marchara. Le dijo: «Vete. Corre. Ve y di a nuestros padres que no vuelvan». Ella fue la única detenida y deportada. Se acordaba de que, en un momento dado, se dijo que habían llegado algunas personas de Dora, unas mujeres. Yo no la recuerdo en el campo. Nunca alude al campo, no le gusta hablar de ello. Sus padres no lo soportaban. No hablábamos del campo. Cuando empezamos a abordar el tema, al principio, nos dimos cuenta enseguida de que no les gustaba nada. Pero cada vez que almorzamos juntas —seguimos haciéndolo de tanto en tanto— solo hablamos del campo. Conoce bien a Marceline; tiene muy buenas amigas entre las antiguas deportadas. Pero sé por mis

* Marie-Hélène Veil.

hijos, que hablan con sus primos, que no les ha contado nada a sus hijos.

De todos modos, el silencio, la incomprensión que nos impusieron... fue muy duro. Creo que para nuestras familias era demasiado difícil escuchar aquello. No sé... En cuanto a los demás, me parece que hay un libro de un periodista llamado Birnbaum* que dice que el silencio se organizó y se promovió en aras de la reconciliación. Dice que esto es aún más cierto para los judíos, pero también para los resistentes, aunque yo sentía que había una diferencia de trato entre mi hermana Denise, que fue detenida como resistente, y Madeleine y yo.

* Jean Birnbaum, *Leur jeunesse et la nôtre. L'espérance révolutionnaire au fil des générations*, París, Seuil, 2005.

No tenemos derecho a olvidar

A diferencia de muchos antiguos deportados, no le tengo miedo al revisionismo. Hace mucho tiempo, en 1975, pronuncié un discurso, uno de mis primeros discursos, en el Congreso Judío Mundial de Estados Unidos. Fue Nahum Goldmann quien me invitó. Dije que los revisionistas no me asustaban en absoluto, porque pensaba que había suficientes historiadores y bastantes pruebas como para que se supiera la verdad. O, de no ser así, es señal de que hay mala fe, tal como sucede actualmente en algunos países donde se hace creer a la gente ciertas cosas sabiendo que no son ciertas... Le Pen sabe perfectamente que hubo campos de concentración y cámaras de gas. Y podrán intentar cuestionar el número de muertos o las condiciones de detención, pero también es falso. Y cuanto más tiempo pase, más investigaciones serias demostrarán que es falso.

Lo que sí he temido siempre es lo que está sucediendo ahora, la banalización. Cuando sucedió lo de Sabra y Chatila,* se estableció la comparación... También se ha comparado con Bosnia, y eso sí es grave, es mucho más pernicioso porque, en realidad, cuando la gente se pone a comparar, lo hace precisa-

---

* Entre el 16 y el 18 de septiembre de 1982, milicias cristianas de los suburbios de Beirut masacraron a refugiados palestinos.

mente para que, al compararlo con otras situaciones, acabe por no existir. Eso siempre me ha dado miedo. Si se leen mis primeros discursos puede verse que ese ha sido siempre mi gran temor.

Mantuve un diálogo con una joven tutsi.* Lo de Ruanda es un genocidio, es espantoso. Pero tanto la una como la otra sentimos la necesidad de marcar la diferencia entre los contextos. Por ejemplo, me parece que, para ellos, en Ruanda, es extremadamente difícil llegar a reconciliarse —todos los tribunales internacionales instaurados a tal fin han fracasado—. Porque deben reconciliarse entre ellos, no con una fuerza política que ha desaparecido y que se veía lejana. ¿Quién ha asesinado a su padre o a su madre? Es la persona que está frente a ellos. Es terrible. Las masacres también se sucedieron en condiciones horribles, pero el fenómeno no es el mismo. Pasa igual con Camboya: el fenómeno no es el mismo; el propósito político no es el mismo. Me siento de todo corazón al lado de esa mujer tutsi. Pero cuando, como el otro día, me hablan de agrupamientos de niños en los campos de Bosnia —no era Srebrenica— y me dicen que les recuerda a los guetos, yo replico: «¡Por favor! ¡Están ustedes de broma! ¡Están de broma!».

Este año he tenido muchas oportunidades de hablar de los campos. Me resulta muy fácil contárselo a los jóvenes de hoy. En primer lugar, saben mucho más que hace veinte años; son mucho más abiertos. A estos jóvenes les han enseñado sus pro-

---

* *SurVivantes: Rwanda - Histoire d'un génocide suivi de Entretien croisé entre Simone Veil et Esther Mujawayo*, La Tour d'Aigues, Éditions de l'Aube, 2005.

fesores. Trabajo con una profesora* que da clase en un suburbio complicado. El año pasado llevó a sus alumnos a Auschwitz, y este año los ha llevado a Marruecos para ayudar a mujeres con unas condiciones de vida muy difíciles. Sigo lo que hacen y he prometido que este año daría cuenta de sus trabajos. Lo que ella pretende es transmitir ciertos valores a su alumnado.

Yo sí lo hablo con mis hijos, cuando tengo la oportunidad. Algo más a menudo con mis nietos. Con los hijos se convive, así que se habla cuando surge la ocasión. De uno de mis hijos, no diría que esté más implicado, sino simplemente que le cuesta menos hablar de las cosas, y que se siente mucho más judío que el otro. Porque se ha casado con una mujer judía en cuya familia hubo deportados, así que es distinto. Pero los dos quisieron ir a Auschwitz, y sus hijos también.

Ahora almuerzo de vez en cuando con mis nietos para contárselo; quieren hablar de ello. Veo que uno de mis hijos lee muchos libros sobre la deportación, muchos. Además, él trabaja regularmente con israelíes, se siente muy cercano a Israel, pasó un año en un kibutz. Los dos son muy sensibles.

El que era médico, por el contrario, no podía soportarlo. Cuando fuimos a Auschwitz, ya no estaba entre nosotros,** pero me había dicho: «No iré jamás, no puedo soportarlo». Y mi hermana, que estuvo deportada en Ravensbrück, nunca volvió allí. La mera idea de ir a Auschwitz le produce horror. Pero

---

* Samia Essabaa, profesora en el instituto Théodore-Monod de Noisy-le-Sec (Seine-Saint-Denis), organizó un primer viaje escolar a Auschwitz en 2005.
** Claude-Nicolas Veil murió en 2002 a causa de un infarto.

estuvo muy implicada en la Asociación de Amigos de Ravensbrück. Y cuando nos vemos los domingos por la mañana, hablamos mucho de ello, abordándolo desde distintos ángulos.

En la actualidad estoy aún más enfadada que antes, y lo estoy precisamente por esta banalización, por esta confusión que cada día me preocupa en mayor medida. Porque se trata de una confusión real, de una confusión deseada hasta por los judíos. ¿Qué significan esos viajes a Ruanda, a Mozambique, etcétera, diciendo: «Debemos dar pruebas de nuestra compasión...»? Desde luego, queremos reconciliarnos con la gente, ayudarla, etcétera, pero —y lo digo como presidenta de la Fundación,* porque nos piden dinero para esos viajes— no les veo el sentido. En todo caso, el problema no se plantea en Francia.

En cuanto a Ruanda, que quede claro de una vez por todas, cuando se ponen las cosas frente a frente, sabemos, los unos y los otros, dónde está la diferencia. Creo que no subrayarla acaba generando una gran confusión, porque lo de Ruanda es un genocidio real, pero complejo. Es una forma de... no sé cómo decirlo... me hace sentir realmente mal. Cada uno de esos dramas tiene su especificidad. Todos no tienen la misma, cómo diría yo, la misma esencia intelectual, cultural, etcétera. Y reunir en un lugar a bebés de toda Europa para matarlos es, desde luego, algo muy particular. *(Hace una pausa)*. En todas las guerras ha habido conflictos, horrores. Pero en un caso se trata de personas que se conocían, que tenían cosas que las enfrentaban, y en el otro, no. Me irrita no ser capaz de lograr que la gente lo entienda. Todavía estoy demasiado magullada. No

---

* Fundación por la Memoria de la Shoah.

se trata de mi familia, sino de lo que vi, de esos húngaros* que llegaron en trenes... No puedo...

No es una cuestión de perdón, porque, en cualquier caso, los alemanes de ahora no tuvieron nada que ver. Pero debemos recordar el hecho. Llevo mucho tiempo diciéndolo, y vuelvo a decirlo: en mi lecho de muerte, creo que pensaré en eso, no en mis padres. En el hecho en sí. Los bebés. Un millón y medio de niños. Así, gratuitamente. Y cuando veo a mis nietos, pienso en ello. Nunca se lo digo, por supuesto... *(Hace una larga pausa, muy conmovida).*

Nunca le deseo el mal a nadie, pero no tenemos derecho a olvidar. Se lo debemos a ellos, a los que murieron. Al menos yo no puedo, y ya está. Cuando veo las fotos, ya sea en el Museo de Washington o en la exposición organizada por Klarsfeld, cuando veo a todos esos niños,** me entran ganas de llorar.

---

* En mayo de 1944 comenzaron las deportaciones de Hungría a Auschwitz. En solo ocho semanas, casi 424.000 judíos húngaros fueron deportados a Auschwitz-Birkenau. Simone Jacob fue testigo de su llegada al campo.

** En enero de 2005, Serge Klarsfeld organizó una exposición titulada «1942-1944, 11.400 niños judíos deportados de Francia a Auschwitz». Puede verse en Le Camp des Milles (Bouche-du-Rhône).

Derribar el muro de silencio

Quizá lo más importante para mí sea decir una y otra vez hasta qué punto, cuando estábamos en el campo, para todas y cada una de nosotras era crucial tener esperanza, pensar que algunas volverían y hablarían, y darían testimonio. Se habla a menudo del deber de memoria; es una expresión que no me gusta mucho. Es una necesidad, la memoria. Pero, para nosotros, es un deber transmitirlo, porque lo prometimos. Siempre nos decíamos: «Ha de saberse, ha de saberse qué ha pasado, ha de saberse todo». Incluso en la mayor de las miserias, teníamos esa desazón —era, por encima de todo, una angustia permanente, en especial durante las cribas—. Pienso en el momento, por ejemplo, antes de la llegada del Ejército Rojo, cuando en Auschwitz, en Birkenau, en toda aquella extensión de grandes campos y pequeños comandos, todos teníamos la sensación de que iban a exterminarnos. Como muchos murieron más tarde en las carreteras y en los trenes, tenían que quedar algunos que volvieran y lo contaran. Por eso hoy —y creo que los que han testificado también se habrán expresado en el mismo sentido— hablar es tan importante para nosotros. Al mismo tiempo entiendo que haya quienes no puedan hacerlo, no a su familia, porque es... A nuestras familias a veces les resulta insoportable. Cuando se reúnen con otros compañeros de deportación, entonces sí hablan. Por eso se ha encontrado usted con testigos que nunca se habían expresado abiertamente, y que quizá sintieron que habían esperado demasiado pero que todavía estaban a tiempo de hacerlo, y para los que ha sido, sin duda, no un alivio, pero sí algo importante.

Cuando volví a casa con mi hermana mayor, que siempre estuvo a mi lado —y nos reencontramos con nuestra otra hermana que había sido deportada a Ravensbrück—, hablamos entre nosotras con toda naturalidad; claro que con mi hermana mayor hablábamos muchísimo de aquello, cada vez que nos veíamos. Siempre estuvimos muy unidas. Pero eso nos unió aún más. También he visto a muchos compañeros de deportación que han testificado, como Paul Schaffer. Creo que necesitábamos contarlo, pero nos enfrentamos a un muro de silencio. Pienso que para nuestros allegados era demasiado doloroso escucharnos, oírnos les resultaba terrible. Algunos incluso, sin duda injustamente, se sentían culpables por no haber sido detenidos, deportados. «¿Por qué ellos y no nosotros?», pensaban. Y en cuanto al público, seguramente hubo una culpabilización colectiva. Además, políticamente, había una voluntad de reconciliación; así que mejor no hablar de ello porque era el pasado, y ahora había que olvidar y volver a convivir como si no hubiera ocurrido nada. Es sorprendente ver, en los grandes juicios, en el juicio a Pétain, a Laval, lo poco que se habló de las detenciones de judíos.

Cuando se tomó la palabra, justo después de la guerra, fue para rendir honores a los resistentes. Lo entiendo perfectamente, porque los resistentes que fueron deportados corrieron grandes riesgos. Cierto número de ellos fueron deportados y fusilados, pasaron largo tiempo en prisión, fueron torturados. En algunos casos, estaban implicados varios miembros de una misma familia, e incluso cuando la familia no estaba directamente implicada, sus miembros también eran detenidos y deportados. Siempre he dicho que los miembros de la Resistencia eran héroes, porque sabían muy bien a lo que se arriesgaban. Tenían más información que nosotros. Vieron cómo detenían y fusilaban a sus camaradas. Básicamente, nosotros éramos víctimas y ellos héroes. No teníamos la menor intención de ocupar su puesto, ni de disfrutar de la misma acogida que ellos, del mismo reconocimiento.

Pero a veces se dieron —yo diría que desde el punto de vista psicológico— antagonismos. Aunque no pretendíamos tener derecho a nada, nos sentíamos rechazados como si fuéramos culpables. Éramos víctimas, pero no culpables. Y, sobre todo, no siempre reconocían que se trataba de una deportación muy diferente, en primer lugar porque detuvieron a personas con bebés de solo dos, tres semanas o unos meses, y porque la gente que llegaba a Auschwitz o, peor aún, a Majdanek o a Treblinka, era sistemáticamente exterminada. Los jóvenes iban directamente a la cámara de gas. Así que a veces se tendía a hacer comparaciones —yo diría que, en términos de situaciones concretas, materiales— inadecuadas. Me parece que son cosas muy distintas. Siempre he admirado a los deportados resistentes, los he homenajeado, he reconocido lo que hicieron por nosotros, porque la Resistencia trabajaba contra los nazis, y lo que hicieron en Francia fue muy importante. Pero pudimos sentir esa falta de comprensión —creo que ya me he referido a ello antes— incluso en Auschwitz, cuando nos cruzábamos con resistentes.

Para cierto número de judíos, ser miembro de la Resistencia era incluso imposible. Si tenían un fuerte acento extranjero, si tenían familia en una situación complicada, el acceso a las redes de resistencia no era fácil. Y este hecho —había muchos judíos en la Resistencia, sobre todo entre los jóvenes— era un factor de riesgo adicional.

Cuando utilizo la palabra «víctima», me parece un término muy genérico, muy global. No veo otra forma de caracterizar esta situación. A menos que se entre en esa especie de semántica que los propios nazis utilizaban: personas a las que querían liquidar porque eran... No, no se me ocurren otras palabras.

Volver a los mismos lugares

La primera vez que volví a Polonia fue para el 15.º aniversario de Auschwitz, organizado por los rusos. Todavía era una Polonia bajo hegemonía soviética, una Polonia muy comunista. Hubo una gran manifestación para conmemorar el 15.º aniversario de la liberación del campo por el Ejército Rojo. Yo trabajaba en el Ministerio de Justicia, y las autoridades polacas invitaron a Edmond Michelet, que era el ministro de Justicia, compañero de la Liberación y antiguo deportado, ya que estuvo internado en Dachau. Como no podía ir, le dijeron que yo era magistrada en el ministerio y me pidió que lo representara. Así que fui a la vez que el senador Jacques Baumel, a quien invitaron como compañero de la Liberación, y que un diputado que también lo era. Fuimos los tres. Evidentemente, todo era muy distinto de otras veces, porque en esta ocasión se trataba de un viaje de carácter altamente oficial. Ni siquiera recuerdo si pude ir a Birkenau. Pero, al fin y al cabo, era un retorno. Luego volví en varias ocasiones porque, en cierto momento, había un consejero cultural en Cracovia, un francés, que organizaba bastantes coloquios. Y regresar a Cracovia significaba tener la oportunidad de volver a Auschwitz. Fui con mis nietos. Recuerdo en particular una visita muy emotiva que hice hace unos años al crematorio que ha sido destruido: hay unas grandes losas en los distintos idiomas de los deportados a Auschwitz, pero ninguna en judeoespañol. Hicieron una colecta entre los afectados —yo participé, aunque no estuviera directamente implicada—. Y estuve presente cuando se colocó la placa.* Había incluso —lo cual me pareció bastante extraordinario— gente llegada de Estados Unidos, sefardíes que siguen hablando ladino. Había traductores, pero todo el acto se hizo en ladino. Muchos no se conocían de nada. Probablemente las familias llevaban mucho tiempo en Estados Unidos o en Estambul, algunos venían de Turquía, otros de Francia, de Grecia... A menudo tenían los mismos nombres, se decían que igual eran primos y se remontaban hasta la época en que fueron expulsados de España. Fue un momento muy conmovedor, extraordinario.

Volví por primera vez a Bergen-Belsen siendo ya presidenta del Parlamento Europeo.** Eso me dio la oportunidad de hablar de los gitanos, porque una vez coincidí en una especie de barracón espantoso con unas gitanas. Viajamos de Gleiwitz a Bergen-Belsen en el mismo vagón. Conocía bien el destino de los gitanos, que hasta entonces apenas había sido reconocido por los alemanes —no existían—. He seguido en contacto con los gitanos. Desgraciadamente, aunque la Fundación quiere ocuparse más de ellos, y esa es nuestra vocación —está escrito en nuestros estatutos—, resulta muy difícil, porque muchos de ellos no son sedentarios. Mantenemos el

---

* La placa fue inaugurada en 2003.
** El 27 de octubre de 1979. Hoy se estima que al menos 500.000 sinti y romaníes fueron asesinados.

contacto durante un tiempo, los perdemos de vista, luego vuelven...

Me acuerdo muy bien de las gitanas porque durante cierto tiempo trabajé en las obras de excavación y pasábamos junto a su campo. Hacían vida familiar, y se afanaban poco o nada. Los envidiábamos. Parecían vivir con mayor normalidad. Y en julio de 1944 me crucé con un pequeño comando suyo que trabajaba al lado, a pocos kilómetros. Una mañana nos enteramos —era a principios de agosto, el 2, creo— de que, durante la noche, los habían metido a todos en camiones y los habían gaseado. Sufrieron el mismo destino.

Conmemorar

En cuanto a las conmemoraciones, hubo una gran diferencia entre el 50.º aniversario de la liberación del campo —ya que nosotros nos habíamos ido, no fuimos liberados en Auschwitz... muy pocos pudieron quedarse— y el 60.º aniversario. Yo diría que, en parte, se debió a la voluntad de los políticos, de Polonia, que fue muy distinta de un aniversario a otro.

Para el 50.º aniversario, creo que Walesa quiso que se conmemorase la deportación polaca de los políticos. Es verdad que a veces se olvida que hubo muchos resistentes polacos deportados a Auschwitz. La mortalidad no fue la misma porque, en general, no fueron exterminados sistemáticamente, pero los deportaron muy pronto. Sin embargo, diría que, aunque sus condiciones de detención como deportados fueran muy duras, no son comparables a las de los judíos.

Ese 50.º aniversario fue objeto de cierta polémica, precisamente, entre las diferentes nacionalidades, a propósito del lugar que debían ocupar los polacos no judíos frente a los muchísimos judíos polacos exterminados en Auschwitz, y en general frente a la deportación judía. El 60.º aniversario, en cambio, se centró, por voluntad política de los polacos, del Gobierno polaco, del presidente, del primer ministro, en los judíos.* Fue su voluntad que la deportación judía ocupara un lugar importante y, sobre todo, que dicha conmemoración tuviera una dimensión internacional. Cuarenta jefes de Estado —creo— estaban presentes o representados, así como todas las religiones, cuyos representantes tomaron la palabra. El acontecimiento fue, pues, lo más ecuménico posible, en el sentido positivo del término. Fue un momento de comunicación muy intenso, muy emotivo. Debido a la presencia de numerosas altas autoridades, jefes de Estado, reyes, reinas, había un protocolo muy estricto, por razones de seguridad. Además, hacía mucho frío, y en cuanto la gente se bajaba de los autocares buscaba dónde refugiarse, para lo cual debía recorrer un buen trecho. Eso hizo que, durante el acto, algunas personas que habían acudido para la conmemoración se quedaran en los autocares y ni siquiera llegaran a bajarse, o permanecieran muy lejos del acto conmemorativo, que fue muy conmovedor.

Pero pienso que fue importante. Fue un encuentro, en el verdadero sentido de la palabra, una vuelta al pasado, un pasado que quería que se oyera el mensaje. Y creo que el hecho de que todas las televisiones del mundo lo retransmitieran también fue primordial.

Además, entre el 50.º y el 60.º aniversario entró en juego otro factor: ahora estamos en la tercera, incluso en la cuarta generación. Creo que es más fácil que para la primera generación, la que vino después de los que fueron deportados, a la que le resulta muy pesado soportarlo, muy difícil. O son demasiado sensibles porque les afecta directamente, o se sienten concernidos, pero culpables. Mientras que, con cierta distancia de

---

* El 27 de enero de 2005.

por medio, no diría que se es insensible, pero sí que es posible contemplarlo con menos emoción. Para mucha gente cuyos familiares fueron niños escondidos, por ejemplo, resulta demasiado doloroso, demasiado complejo hablar de ello. Sin embargo, ahora las cosas forman parte de la historia, de un escenario que sigue muy movilizado, pero más sereno, y también mejor informado y más tolerante.

El testigo y el historiador

Digo más tolerante, porque durante mucho tiempo estuve muy dolida y amargada por la actitud de ciertos historiadores, entre ellos algunos historiadores judíos, por cierto, que rechazaban nuestros testimonios. Incluso cuando se celebraban coloquios sobre el tema. Recuerdo en particular un gran congreso de historiadores, organizado por la señora Ahrweiler, rectora de la Universidad de París, quien, tras el caso de Faurisson,* quiso celebrar un congreso contra el negacionismo.** Le encargó a un historiador —no mencionaré su nombre— que lo organizara. Me habló mucho de ello y quería que yo colaborara aportando mi testimonio. Pero el historiador en cuestión se negó a que yo participara. Ella, como máxima autoridad de la Universidad, impuso mi participación. Pero cuando aparecieron las actas del Congreso —yo había escrito un discurso, un discurso importante para mí—, el historiador manifestó su desacuerdo: «Ah, no, en las actas no, porque los testigos, no, eso no es...». Estaba convencido de que los testigos no tenían nada que decir, que sus palabras estaban siempre condicionadas.

* A finales de 1978 estalla el caso Faurisson. Un profesor universitario, Robert Faurisson, proclama que las cámaras de gas no existieron y que el genocidio de los judíos no es más que un mito.
** El coloquio tiene lugar en la Sorbona en 1987.

La Historia la hacen los archivos. Pero los archivos son lo que han contado los testigos. Teníamos la sensación de que todos los archivos alemanes —que en más de un caso estaban bastante falseados, truncados, etcétera— eran más importantes que lo que nosotros teníamos que decir. Pero conocemos las distintas vicisitudes acaecidas en los diferentes comandos, incluso las vicisitudes del destino de cada cual, que a veces dependía de muy poco. Sigo enterándome de cosas de los compañeros que me dejan boquiabierta. Hubo comandos reducidos con algún privilegio. No sabemos por qué, pero iban a trabajar a una pequeña fábrica o a un determinado lugar. Hace poco leí un relato escrito por alguien que decía que su deportación, y eso que estuvo muy cerca de Auschwitz, fue soportable. No se puede decir que fuera el paraíso, pero, bueno, fue llevadera, y hubo gente, en general, que logró sobrevivir. En otros relatos, por el contrario, lo que leemos es tan abominable que, si no supiéramos que todo fue posible, nos costaría creerlo.

Existe, pues, una diversidad extraordinaria, y por eso en la Fundación por la Memoria de la Shoah —aparte de los testimonios que ustedes recogen— hemos insistido en que la gente también escriba, porque es una forma distinta de transmisión. Contamos con una editorial que publica estos testimonios,* de los cuales se desprende que hubo personas que, pese a haber llegado en el mismo convoy y ser de la misma edad, tuvieron destinos completamente distintos en función del comando al que fueron asignadas. Algunos fueron destinados al «Canadá», el lugar donde se clasificaba la ropa, y allí la gente se las arre-

---

* La colección «Témoignages» («Testimonios»), publicada por Éditions du Manuscrit, reúne los relatos de las víctimas de las persecuciones, antiguos deportados o internados, niños escondidos y resistentes judíos.

glaba más o menos bien, no hacía frío, no se trabajaba al aire libre. Su destino no tenía nada que ver con el de quienes se dedicaban a excavar. Y la mayoría de las veces fue pura casualidad que acabáramos en tal o cual situación. Todo lo que conocemos gracias a estos relatos es interesante. Porque demuestra que, en la mayoría de los casos, esos pequeños campos privilegiados a los que me refiero eran excepciones, si tenemos en cuenta que la voluntad de matar, de destruir, de perjudicar, y sobre todo de humillar, era muy muy fuerte.

«Usted también ha matado»

Cuando presenté en la Asamblea Nacional el texto que pretendía autorizar el aborto con una serie de condiciones muy concretas, no se me interpeló sobre mi pasado, porque el diputado en cuestión* siempre afirmó que lo desconocía, y que de lo contrario nunca habría hecho esa referencia, pero se me dijo: «Lo que usted está haciendo es como lo que les hicieron a los bebés que fueron arrojados a los crematorios, eso es lo que usted está haciendo con esos fetos». Hoy en día sigo recibiendo cartas en las que me acusan personalmente y me dicen: «Usted también ha matado». El año pasado, cuando estuve en Auschwitz y tomé la palabra, varias personas me escribieron en los siguientes términos: «Muy bonito, nos hace usted llorar por la situación de los judíos, pero usted ha matado el mismo número de niños con su ley». Cuando aquel diputado aludió precisamente al exterminio de los niños judíos, hubo tal indignación en la Asamblea que vino a disculparse... parecía muy incómodo. Como no me esperaba algo así, para mí supuso un verdadero shock, aunque en esa época ya había recibido muchas misivas en el mismo sentido. Y, de hecho, estoy convencida de

---

* Jean-Marie Daillet, diputado de la UDF (Unión para la Democracia Francesa) por Saint-Lô (Manche).

que él también recibía aquella clase de cartas abominables, que comparaban el aborto con Auschwitz y el exterminio en los campos. Puede que algunos que no sabían si votar o no el texto de la ley, que la cuestionaban, se decidieran a votar a favor tras aquella historia.

La Fundación
por la Memoria de la Shoah

El paso de los años no calma el dolor. Por mi trabajo en la Fundación,* estoy inmersa en ello constantemente. Ocupa gran parte de mi tiempo. Tengo muchas ocasiones de contarlo, de dar testimonio, de explicárselo a los jóvenes, de intervenir en grandes congresos o de viajar —este año he ido a los Países Bajos y a Grecia—. Además, tengo la sensación de que en los países donde apenas quedan judíos es difícil hacernos entender, porque es como si les habláramos de algo que no les concierne. Por eso quizá nos sentimos cada vez más responsables de tener que contarlo, para que no se olvide, para que sirva de lección.

Digo «que sirva de lección», pero no me gustan ni las comparaciones ni las amalgamas. Siempre he estado en contra. Pero cuando decíamos «nunca más», nos referíamos, por supuesto, a «nunca más el exterminio de los judíos», pero también a «las masacres, y los genocidios relacionados con la identidad de

---

* La Fondation pour la Mémoire de la Shoah («Fundación por la Memoria de la Shoah») se creó en el año 2000. Su dotación procede de la restitución de fondos no reclamados procedentes del expolio de los judíos en Francia. Apoya el Memorial y otros lugares de recuerdo, la investigación histórica y proyectos educativos. Ayuda a los supervivientes en dificultades, se esfuerza por transmitir el patrimonio de la cultura judía y en luchar contra el antisemitismo.

las personas». Una guerra es una cosa, pero un genocidio implica exterminar a toda una población por ser judía, o por ser católica o protestante, como ocurrió durante las guerras de religión en determinados países o regiones. O como ocurrió en Camboya, por pertenecer a una clase social a la que se pretendía exterminar, y que también causó un número considerable de víctimas. Además de distinguir las distintas razones que llevaron a estos genocidios, es importante recordar que también es nuestra responsabilidad advertir a la gente para que esto no vuelva a suceder. Debo reconocer que no hemos tenido mucho éxito. Está Camboya, de la que hablaba más arriba, y Ruanda, donde, si bien el contexto es muy distinto, también se está perpetrando un genocidio atroz. Así que los hombres siguen siendo muy capaces de odiar profundamente por razones diversas. Creo que eso es lo que debemos desterrar, así como garantizar que haya respeto por la vida humana y tolerancia hacia los demás, ya sea por su religión, sus ideas políticas o sus diferencias de nacionalidad. Aún nos queda mucho camino por recorrer.

No quiero parecer demasiado pesimista. Creo que hay una serie de cosas que van en la buena dirección: la democracia y la libertad han progresado en todo el planeta, asistimos a una mejora de la situación material de las poblaciones; el crecimiento no es igual en todos los países, por supuesto, pero se constata un crecimiento del PNB en África. Pienso también en el fin del *apartheid*. Cuando yo estaba en el Parlamento Europeo, no le veíamos ninguna salida a esa situación. La forma en que Mandela y el presidente del Partido Nacional consiguieron hacer las paces sin que se desatara una masacre demuestra que a veces es posible entenderse.

Aún quedan muchas batallas por librar. Y para librar esas batallas hemos de recordar los ejemplos más terribles del pasado. Cuando se creó, la Fundación por la Memoria de la Shoah necesitaba estar presidida por un antiguo deportado; de alguna manera, era una condición *sine qua non*. Fue creada por el entonces presidente de la República, Jacques Chirac —durante la época de la cohabitación—, y el primer ministro, Lionel Jospin. Básicamente, todos trabajaron juntos para crear, antes que nada, la misión Mattéoli, que pudo reconstruir las condiciones en las que los judíos habían sido expoliados, estimar las indemnizaciones y asegurarse de que esa suma de dinero se utilizaba bien. Sirvió para crear esta Fundación. Ahora bien, para dirigirla, necesitábamos a alguien acostumbrado a trabajar con los poderes públicos, que están muy presentes —de hecho, muchos ministerios nos prestan un gran apoyo, en particular el Ministerio de Educación, que es de gran utilidad para poder llevar a cabo nuestras misiones educativas y de transmisión—. Y resultó que era yo quien, de algún modo, reunía todas esas condiciones.

Un país donde tendrían una patria

La creación de Israel fue muy importante porque en el campo, en Birkenau, con mis compañeras polacas o eslovacas, a veces francesas, tomé conciencia de algo: para ellas, para las polacas, por ejemplo, era imposible volver a Polonia. Cuando hablaban del país al que les gustaría ir —Israel no existía por aquel entonces—, hablaban de Palestina. De hecho, se sabe que en el periodo de entreguerras cierto número de polacos —de alemanes menos, porque muchos no pudieron partir— se habían ido a Palestina. No siempre se quedaron, porque las condiciones de vida eran muy duras y no podían llevar a los niños pequeños. Pero muchos sí lo hicieron, algunos tenían familia en Palestina o en Estados Unidos, había familias con parientes que emigraron allí. Y como al terminar la guerra no se les permitió partir hacia Palestina, hubo quien lo hizo sin autorización. Contaban con redes organizadas.

Así que, para mí, Palestina —puesto que todavía no se hablaba de Israel— era el lugar donde mis compañeras polacas podrían vivir. Algunas vinieron a Francia, pero, en primer lugar, resultaba muy complicado —por aquel entonces no era fácil cruzar las fronteras—, y tampoco era lo que querían hacer. Otras se marcharon clandestinamente bastante pronto.

Luego tuvo lugar el proceso, la decisión de Naciones Unidas, y justo después, por desgracia, la guerra. En un momento dado, estuve en un campo donde algunos de los hombres que se encontraban allí se fueron enseguida a Palestina. En cuanto llegaron, se alistaron para participar en los primeros combates. Y, precisamente, era muy importante que hubiera un lugar que no estuviera sometido sin más a la tutela británica, y que acabara convirtiéndose en Israel, un país donde tendrían una patria. De hecho, volví a ver en repetidas ocasiones a mis compañeras que se mudaron allí sin pensarlo.

El valor de los franceses de a pie

Fue el general De Gaulle quien salvó el honor de Francia. Pero en Francia el primer shock es la derrota. Esa derrota es la consecuencia lógica de una gran debilidad, la de permitir que los alemanes se rearmasen, la de no darse cuenta de lo que pasaba, la debilidad de las democracias incapaces de defenderse, y también el resultado de cierta cobardía. Desde 1933, algunas personas —pienso en Raymond Aron— fueron muy lúcidas, y los refugiados alemanes y austriacos contaban muchas cosas sobre lo que sucedía en Alemania, entre otras el rearme, y esa capacidad y esa voluntad alemana de dominar, de hegemonismo.

En cuanto a la derrota y al papel que desempeñaron los distintos gobiernos franceses, por mucho que se tratase de un gobierno del Estado francés y que Jacques Chirac, antes que nadie, asumiera la responsabilidad, no hago partícipe de ello a toda Francia, porque Francia también era el general. Por supuesto, muchos privilegiaron la colaboración, la ayuda a los alemanes, las ideas que compartían con ellos. Los alemanes encontraron otros gobiernos que se constituyeron entonces y colaboraron. Se suele dar el ejemplo de Dinamarca, porque el rey se quedó y nunca capituló... Tuve ocasión de mantener varios encuentros con la reina Beatriz de Holanda, y le dije: «Tiene usted suerte de no haberse visto obligada a afrontar el problema que padecimos nosotros, porque su abuela se marchó a Inglaterra. Y en consecuencia no se vio mancillada por semejante oprobio». Y ella me contestó: «No crea semejante cosa, muchos neerlandeses piensan que el rol del rey o de la reina —por aquel entonces la reina Guillermina— era quedarse en el país para protegernos. ¿Lo ve? Las interpretaciones siempre son complejas».

Si se considera la situación de los franceses deportados frente al resto de los países ocupados —con excepción de Dinamarca, aunque allí creo que solo había quinientos judíos, eran muy pocos—, en Francia es donde hubo menos exterminados. La proporción es... —no sé—, en los Países Bajos del 80 por ciento, en Grecia del 90 por ciento, en Polonia casi todo el mundo. Incluso en Rumanía, que no fue ocupada, todos esos países conocieron masacres espantosas, Hungría tuvo un porcentaje tremendo de judíos asesinados, mucho más elevado que Francia, porque solo un tercio de los judíos de este país fueron deportados...*

Y ello se debió en gran medida al valor de los franceses de a pie. La mayoría, incluso se negaron a que los incluyeran en el dosier de los Justos.** Pensaban que habían cumplido con

---

* Según Serge Klarsfeld, de los 320.000 judíos establecidos en Francia antes de 1940, alrededor de 74.150 fueron deportados, es decir, una tasa de supervivencia del 75 por ciento, una de las más elevadas de la Europa nazi, mientras que solo el 25 por ciento de los judíos de los Países Bajos y el 45 por ciento de los judíos de Bélgica sobrevivieron. 560.000 judíos húngaros fueron asesinados. 76.000 judíos fueron deportados de Francia.

** En 2007, a propuesta de la Fundación por la Memoria de la Shoah y de su presidenta, Simone Veil, el presidente de la República Jacques Chirac, desde la cripta del Panteón, rindió un homenaje solemne en nombre de la nación a los Justos de Francia y a los franceses anónimos que salvaron la vida de tantos judíos durante la Ocupación. Hasta la fecha, el título de Justo se ha otorgado a 4.150 personas en Francia.

su deber, acogiendo a niños en sus casas o escondiendo a gente. Hubo denuncias, por supuesto, no se puede negar. Existieron, y a menudo han quedado consignadas en los archivos. Pero también hubo muchas personas que, en el momento en que venían a detener a una familia, cogían a un niño y decían: «No, no, este niño es mío». Eran personas de las que nadie habría pensado que tenían una vocación particular. También hubo redes que ayudaron a niños a huir a Suiza o a España. Cuando se aborda un país, no hay que tener en cuenta únicamente a su Gobierno, a los políticos o a quienes, por mera ambición o por cobardía, se sitúan del lado del más fuerte, sino también a esa población de a pie, lo que piensa, cómo reacciona, todo lo contrario de lo que mostró, por ejemplo, una película como *La tristeza y la piedad*, de Ophüls.

Es verdad que no todos los franceses fueron resistentes, quizá se habló demasiado de la Resistencia, pero era una manera de levantar la moral del país, y además existe un elemento concreto, objetivo: el número de detenciones. Son demasiado numerosas en comparación con los demás países... eso demuestra, sin duda, que hubo mucha solidaridad.

El futuro, Europa

Mi compromiso con Europa guarda una estrecha relación con mi deportación. Siempre pensé —y mamá pensaba lo mismo cuando estábamos en el campo— que si no nos reconciliábamos con los alemanes —una reconciliación de verdad—, con los demás países concernidos —Francia y Alemania lo estaban, pero los demás países también—, se produciría una nueva catástrofe. Sin la menor duda. Una catástrofe —como la Primera y la Segunda Guerra Mundial— a la que Europa, hay que admitirlo, arrastró al resto del orbe. Y entonces, teniendo en cuenta que, entretanto, se había utilizado la bomba atómica, cabía imaginar la eventualidad de una tercera guerra mundial. En verdad, mi militantismo en favor de Europa procede de ahí. Creo que no teníamos otra salida.

Era por influencia de mamá. Ya he mencionado que papá y mamá pensaban distinto. Mi padre odiaba a los alemanes y pensaba que nunca habíamos sido lo bastante duros. Mamá siempre decía que deberíamos haber seguido a Briand y Stresemann para lograr la reconciliación. Y yo me decía: «Después de haber llegado a este punto, lo que ha ocurrido es tan duro, tan terrible, que si no intentamos reconciliarnos —estoy segura de que mamá también pensaba eso— será peor. Si no hay algo que nos obligue a llevarnos bien con los alemanes, solo pensaremos en una cosa, y es reanudar el combate».

He mencionado a mi tía, la hermana de mamá, que perdió a su hijo, muerto en el frente unos días antes del final de la guerra —su marido había perdido a un hermano unos días antes del final de la Primera Guerra Mundial—. Y era muy europea. Cuando me eligieron presidenta del Parlamento Europeo fue una gran alegría para ella, porque pensaba como yo. No sé cuáles eran sus sentimientos hacia los aliados o los alemanes, pero ella también creía que era la única solución, la única posibilidad. Eso explica por qué quise pedir un mes de excedencia en el Consejo Constitucional.* Renuncié a mi sueldo y al coche oficial, a mi despacho, etcétera, porque para mí eso forma parte de todo lo que me hizo ser quien soy, que es la deportación, la mía, pero también la de todos mis allegados, y la de los judíos en general, esa masacre, ese exterminio. Hay que saber hacer concesiones, sacrificios —lo cual resulta duro emocionalmente, lo sé—, si queremos que los jóvenes tengan un futuro que no esté contaminado desde el principio por el resentimiento, el odio, los deseos de venganza y de revancha.

---

* Para hacer campaña a favor del sí en el referéndum por el Tratado Constitucional Europeo en 2005.

Cronología

13 de julio de 1927: Nacimiento en Niza de Simone Jacob, hija de André Jacob y de Yvonne Steinmetz.

29 de marzo de 1944: Simone Jacob aprueba la reválida en Niza.

30 de marzo de 1944: Simone Jacob es detenida en el centro de Niza y conducida al hotel Excelsior, cuartel general alemán.

7 de abril de 1944: Simone Jacob, su madre y su hermana son trasladadas a Drancy.

13 de abril de 1944: Son deportadas a Auschwitz-Birkenau, convoy número 71.

16 de abril de 1944: Simone Jacob es tatuada en el brazo con el número 78651.

Julio de 1944: Simone Jacob, su madre y su hermana son trasladadas al campo de Bobrek.

18 de enero de 1945: Las tres participan en la «marcha de la muerte».

30 de enero de 1945: Simone Jacob, su madre y su hermana llegan al campo de Bergen-Belsen.

15 de marzo de 1945: Yvonne Jacob muere de tifus.

15 de abril de 1945: Las tropas británicas liberan el campo de Bergen-Belsen.

23 de mayo de 1945: Simone Jacob y su hermana mayor son repatriadas a Francia.

Septiembre de 1945: Simone Jacob se matricula en Ciencias Políticas y en la Facultad de Derecho.

Febrero de 1946: Simone Jacob conoce a Antoine Veil.

26 de octubre de 1946: Simone Jacob y Antoine Veil se casan.

Julio de 1948: Simone Veil se gradúa en la sección de servicio público del Instituto de Estudios Políticos (IEP) de París.

1949-1953: Los Veil se expatrían a Alemania.

Mayo de 1954: Simone Veil realiza unas prácticas en la Fiscalía del Tribunal de Primera Instancia de París.

1956: Simone Veil aprueba las oposiciones a magistrada.

1969: Es nombrada consejera técnica del Gabinete del ministro de Justicia.

28 de mayo de 1974: Simone Veil es nombrada ministra de Sanidad.

20 de diciembre de 1974: La Asamblea Nacional aprueba la Ley sobre la interrupción voluntaria del embarazo, defendida por Simone Veil.

17 de enero de 1975: Se promulga la Ley Veil, que autoriza el aborto.

17 de julio de 1979: Simone Veil es elegida presidenta del Parlamento Europeo.

31 de marzo de 1993: Es nombrada ministra de Asuntos Sociales, Sanidad y Urbanismo.

10 de febrero de 1998: Es nombrada miembro del Consejo Constitucional.

2001: Preside la Fundación por la Memoria de la Shoah.

27 de enero de 2005: Simone Veil visita el campo de Birkenau con el presidente Jacques Chirac, donde pronuncia un discurso en nombre de los antiguos prisioneros judíos.

28 de noviembre de 2008: Es elegida miembro de la Academia Francesa.

12 de abril de 2013: Fallece Antoine Veil.

30 de junio de 2017: Muerte de Simone Veil.

1 de julio de 2018: Los restos de Simone y Antoine Veil son trasladados al Panteón.

Índice

Prefacio, *por Jean y Pierre-François Veil*	7
Prólogo, *por Dominique Missika*	11
Personas completamente laicas	21
Dale un beso de mi parte	25
Los nombres malditos	29
Así era la vida	31
La buena literatura	35
Todo el mundo quería a mamá	37
Se declara la guerra	39
Nos costaba creerles	41
Yo no sabía lo que era ser judía	47
Las primeras detenciones	51
Estoy en peligro	57
La detención	63
En el Excelsior	65
Inimaginable	67
El convoy 71	69
Auschwitz	71
Solidarias	75
La dignidad	81
Demasiado guapa para morir aquí	85

Bobrek	89
Hombres y mujeres	93
Gleiwitz	97
La evacuación	103
Bergen-Belsen	107
El retorno	113
¿Aún os quedan ganas de bailar?	119
Estudiante en París	123
En el fondo, me reencontré con mi familia	125
No tenemos derecho a olvidar	129
Derribar el muro de silencio	135
Volver a los mismos lugares	139
Conmemorar	143
El testigo y el historiador	147
«Usted también ha matado»	151
La Fundación por la Memoria de la Shoah	153
Un país donde tendrían una patria	157
El valor de los franceses de a pie	159
El futuro, Europa	163
Cronología	165

Algunos títulos imprescindibles de Lumen de los últimos años

El aprendizaje del escritor | Jorge Luis Borges
Historia universal de la infamia | Jorge Luis Borges
Pelo de Zanahoria | Jules Renard
Identidad nómada | J. M. G. Le Clézio
Hay ríos en el cielo | Elif Shafak
Anatomía de un corazón | Antonia Bañados
El viejo en el mar | Domenico Starnone
La fiesta prometida. Kahlo, Basquiat y yo | Jennifer Clement
Confesiones de una adicta al arte | Peggy Guggenheim
Una traición mística | Alejandra Pizarnik
La vida según Mafalda | Quino
71 poemas. Nueva edición revisada | Emily Dickinson
El miedo | María Hesse
Luciérnaga (Premio Lumen de Novela) | Natalia Litvinova
Día | Michael Cunningham
Tu nombre después de la lluvia (Dreaming Spires 1) | Victoria Álvarez
Contra la fuerza del viento (Dreaming Spires 2) | Victoria Álvarez
El sabor de tus heridas (Dreaming Spires 3) | Victoria Álvarez
Cuando cae la noche | Michael Cunningham
Las siete | Rose Wilding
¿Quién anda ahí? | Quino
¡A mí no me grite! | Quino

¡Qué presente impresentable! | Quino
Mundo Quino | Quino
¡Yo no fui! | Quino
Potentes, prepotentes e impotentes | Quino
Gente en su sitio | Quino
Long Island | Colm Tóibín
Brooklyn | Colm Tóibín
Degenerado | Chloé Cruchaudet
Jane Austen investiga | Jessica Bull
Nada más ilusorio | Marta Pérez-Carbonell
Las olvidadas | Ángeles Caso
Universo Mafalda | Quino
Obra selecta | Cyril Connolly
22 largos | Caroline Wahl
El arte de llorar | Pepita Sandwich
Novelas | Flannery O'Connor
Gadir | Cristina Cerrada
Frida Kahlo. Una biografía (edición especial) | María Hesse
El gato que decía adiós | Hiro Arikawa
La reina de espadas | Jazmina Barrera
Crimen a bordo del SS Orient | C. A. Larmer
Céleste y Proust | Chloé Cruchaudet
Poesía completa | Anne Sexton
Augurios de inocencia | Patti Smith
El último apaga la luz. Obra selecta | Nicanor Parra
Un barbero en la guerra | María Herreros
Los ojos de Mona | Thomas Schlesser
Poesía completa | Ana María Moix
Los Escorpiones | Sara Barquinero
Almudena. Una biografía | Aroa Moreno Durán y Ana Jarén
Como de aire | Ada d'Adamo

Colección particular | Juan Marsé
Rabos de lagartija | Juan Marsé
Últimas tardes con Teresa | Juan Marsé
Si te dicen que caí | Juan Marsé
El embrujo de Shanghai | Juan Marsé
El cuaderno de Nerina | Jhumpa Lahiri
Crónicas del gato viajero | Hiro Arikawa
La trilogía de París | Colombe Schneck
Mistral. Una vida | Elizabeth Horan
Me llamo cuerpo que no está. Poesía completa | Cristina Rivera Garza
La tierra más salvaje | Lauren Groff
Los secretos de Oxford | Dorothy L. Sayers
El enigma Paco de Lucía | César Suárez
Todo queda en casa | Alice Munro
Cuentos reunidos | Cynthia Ozick
Cuentos completos | Katherine Anne Porter
Cuentos completos | Flannery O'Connor
Narrativa completa | Dorothy Parker
El arte de leer | W. H. Auden
El Club del Crimen | C. A. Larmer
Las brujas de Monte Verità | Paula Klein
Simone de Beauvoir. Lo quiero todo de la vida | Julia Korbik y Julia Bernhard
Días de fantasmas | Jeanette Winterson
La resta | Alia Trabucco Zerán
La librería y la diosa | Paula Vázquez
Diario de una bordadora | Srta. Lylo
Autobiografía de Irene | Silvina Ocampo
La promesa | Silvina Ocampo
Las desheredadas | Ángeles Caso